元世界トップ10プロポーカープレイヤーが教える

心を整える最強マインドセット

著
マナベツバサ
メンタル・パフォーマンス・コーチ

Discover

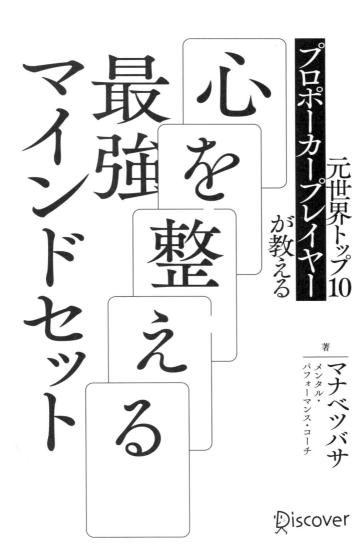

♠ はじめに

みなさんは、たった1日で、
4000万円の損失を出したことがありますか？

私はあります。

プロポーカープレイヤーとして活躍していた20代の頃に、
たった1日で4000万円の損失を出しました。

はじめまして。メンタル・パフォーマンス・コーチのマナベッツバサと申します。
名前から日本人だと思われるかもしれませんが、ドイツ国籍を持っています。
以前は、ヨーロッパを拠点とするプロのポーカープレイヤーでした。

ポーカーは単なる運のゲームではなく、知力、戦略、そして心理戦が求められる高度な頭脳戦です。

ヨーロッパでは各地で広く親しまれており、プロ・アマ問わずお金をかけてプレーすることが合法とされています。

各国で定期的にトーナメントが開催され、中には国際的な注目を集める大会もあります。

そこではスポンサー契約を結んで活動するプロプレイヤーたちが数多く活躍しています。

私もその一人でした。


4000万円の損失を出した日のことは、今でもはっきり覚えています。


当時の私は、プロポーカープレイヤーになって3年目でした。

大学卒業後、スポンサーと契約して名実ともにプロのプレイヤーとなった私は、研究に時間をかければかけるほど実力は向上していきました。

高校の頃まで真剣に取り組んでいたのに、なかなか実力が向上しなかった体操競技とは正反対といえる状況でした。

勝ったり負けたりを繰り返しながらも、着実に実力を伸ばしていきました。

ポーカーの世界では「レート」と呼ばれるかけ金の額が、プレイヤーの実力や経験を示す一つの指標になります。レートが高いほど、プレーに求められる技術や心理戦のレベルも格段に上がります。

そして私は、ついに当時の最高レートの舞台にたどり着いたのです。

当時の最高レートでは、1日で「1000~2000万円程度」の額が動きます。その幅で勝ったり負けたりすることになります。

レートが最高ということは、そこに集まるプレイヤーもまた、世界最高鋒の実力を持つ人たちということです。


けれども、私は最高峰のステージに立ってはじめて、自分のプレー内容、自分の思考が、「動く金額の大きさ」に影響されていることに気づきました。

わかりやすく言うなら、負けそうな試合の終盤、大事な局面で「どうしても点を取り返したい」というあせりが先行して、冷静なプレーができなくなっているスポーツ選手のようなものです。

これをポーカーの世界では「ティルト」と呼んでいます。

その「ティルト」が金額が大きくなって起こるようになったのです。

この「ティルト」のような現象は、実はビジネスや日常生活でも起こります。

例えば、

- 重要な面接やプレゼンテーションで緊張してしまい、いつも通り落ちついて話せない
- 上司やクライアントとの大事な商談で、失敗を恐れるあまり、普段なら気づけるポイントを見落としてしまった
- 投資でマイナスが出ている状況で、あせりから無理な取引を続けてしまい、結果として損失をさらに膨らませてしまった

これらはすべて、**「大事な場面で感情が邪魔をして、冷静な判断ができない」**という状態です。

私自身もまさにその状態でした。そして、具体的な解決方法がわからないまま、壁を乗り越えられない日々が続いていたのです。

何せ最高峰のプレイヤーが集まっている場です。「ティルト」をいかにコントロールできるかもまた、「実力のうち」です。

もちろん私も、それを頭ではわかっていながら、しかし「ティルト」からなかなか逃れられずにいました。

そこで私はメンタルコーチやスポーツ心理士を訪ね、コーチングを受けました。

しかし、彼らが教えてくれる方法が適切で正しかったとしても、それを私自身が実践できるとはかぎらない、という新しい壁にぶつかってしまいました。

コーチングで

「君は100mを9秒台で走れる実力を持っている。だから緊張せずに走れば結果は出る。なぜ緊張しないほうがいいかを徹底的に頭に叩き込みましょう」

と助言され、その知識を活かそうとしても、結局緊張してしまう。

そういうような状態です。

つまり、アドバイスを受けても、それが実践できなければ結局同じことでした。

具体的な解決方法がわからないまま、壁を乗り越えられないまま、それでもどうにかプレーを続ける日々が続いていました。

そんなときでした。

私はたった24時間で35万ドル（当時の為替レートで4000万円以上）を失う損失を出してしまったのです。

当時のバンクロール（＝軍資金）の3分の1が、1日で消し飛んだ計算です。

前日まで続いていた、「取り返そう、もう少し取り返したい……」という流れに、不運が重なったこともあります。

完全に冷静さを失って、感情的にプレーし続けた末の結果でした。

私にとってかなり衝撃的な出来事でした。

「このままではいけない。本格的にどうにかしなければ」と危機感を抱いた私は、「ティルト」の根本的な解決のため、さまざまな方法にアプローチしました。

数千万円を投じて心理療法からヨガ、気功、果ては占いに至るまで、多少うさんくさいと感じながらも一通り試してみたのですが、解決には至りませんでした。

そんな中で、特に期待もせず、いろいろある手法の一つとしてたまたま出合ったのが、「MET《エム・イー・ティー》療法（Meridian Energy Technique）」というものでした。

この「MET療法」は、日本ではあまり知られていませんでしたが、「ゲシュタルト療法」をベースに「タッピング」を組み合わせた最先端の心理療法です。ドイツで開発され、ヨーロッパを中心に発展し、広まっています。

この「MET療法」こそが、今のメンタルコーチとしての仕事になっています。

「ゲシュタルト療法」は、感情や体感を重視し、「今ここ」での気づきを得ることや自己成長を目指す心理療法です（詳しいことは本編で詳しくお伝えします）。

「タッピング」は、「自分の指先で体の一部を一定のリズムで刺激すること」です。東洋医学の「ツボ」と同じ考え方です。

これも、後ほど詳しくお伝えしますが、タッピングは、脳科学の視点からとても重要な役割を果たしています。


さて、予備知識のない私は、MET療法という手法を聞いても、ほとんど期待はしていませんでした。

「タッピング？　自分で体のツボをトントン叩けばいい……だなんて、正直うさんくさい」と思った記憶すらあります。

もしかしたら、今、読者の皆さんも同じかもしれませんね。

ただ私は、藁《わら》にもすがる思いで、試しにセッションを受けてみることにしました。


結果は、予想もできないものでした。


私は、普段めったに泣かない人間なのですが、初回のセッションで驚くほど涙があふれ、怒りや深い悲しみなど、今まで自分で認識すらしていなかった感情が止まりませんでした。

私は今までポーカーをやるうえで、「感情的になってはいけない」と強く思ってきたところがありました。

そして、自分の行動は、自身の「合理的思考によってコントロールできる」と考えていました。

合理的に考えれば、合理的に行動できると思っていたのです。

ポーカープレイヤーとして、行動が感情に左右されたり、思考が感情に影響を受けたりしてはいけない、と強く信じて生きてきました。

しかしそれが、このＭＥＴ療法に出合うことによって、ごく短時間で「違ったのだ」と気づかされたのです。

当時の私が理想としていたポーカープレイヤーとは、感情の要素がいっさい入り込まず、感情によってプレーが影響されない人です。

まさに今で言うならＡＩのような、１００％論理だけで動けるロボットのような存在でした。

しかし私は、自分が１００％論理だけで動けると思い込んでいただけで、実際は感情を抑え込もうとしていた人間でしかありませんでした。

ＭＥＴ療法を経て、ポテンシャルを活かす方法を知った今となっては、ポーカーの世界であろうと何であろうと、

本当に世界一になれるのは、実力面に加えて、自分自身の感情やメンタルにもしっかり向き合えている人物だ

と言えます。

しかしながら、当時の私は、そうではなかったのです。

強いプレイヤーとは「理性がすべて」であり、「感情は不要だ」と信じていました。そのため、私は感情と向き合うことを避けてきたのです。

しかし、原因が感情である以上、その感情に向き合わなければ、無意識のうちに感情に振り回され続け、いつまでも根本解決には至りません。

私がポーカープレイヤーとして「ティルト」を克服できずにいた理由は、まさにそこにありました。


感情は無理に排除したり、無視したりするものではありませんでした。

むしろ、自分の中にある感情をそのまま受け入れ、「ああ、今、自分はこう感じているんだな」と認めることが、パフォーマンスを上げるために大切な一歩だったのです。

多くの一流のアスリートやビジネスパーソンの成功者たちも、不安やプレッシャーに直面したとき、それを見て見ぬふりをするのではなく、しっかりと向き合っています。

感情を無視するのではなく、見つめて整えることで、自分の力を最大限に発揮しているのです。

例えば、プロスポーツの世界では、大舞台のプレッシャーに押しつぶされてしまう選手もいれば、同じプレッシャーを自分なりに受けとめ、実力を存分に発揮する選手もいます。

その違いは、実は感情との向き合い方にあるのです。

ライバルの実力や勝敗の結果といった、自分ではどうにもならない外的要因に振り回されるのではなく、自分の心に目を向け、出てきた感情を受け入れ、適切に対処すること。

それこそが、自分の力を最大限に引き出すための鍵なのです。

ＭＥＴ療法と出合い、自分自身の感情に向き合うことができた私は、ポーカープレイヤーとしても完全復帰することができました。

その後3年間、最高レートでのプレーを続けることができたのです。２０１６年に引退を決断しましたが、その理由は、ひと言で言うなら「実力の限界を悟ったから」ということになります。

しかし、自分の意思で引退の道を決断したときは、不思議と晴れやかな気持ちでした。ＭＥＴ療法のおかげでプロセスそのものを楽しめるようになり、自分のパフォーマンスを思う存分発揮できるようになったからです。

実力を最大限引き出せたからこそ、「世界一との差」もはっきり認識できるようになったのだと思います。

それはもちろん残念なことでもありますが、しかしその事実を受け入れ、自分で決断して新しい道に進むことができたので、とても納得しています。

ＭＥＴ療法に出合い、私はよかったと実感していることがいくつかあります。

次のようなものです。

- 自分のポテンシャルを最大限発揮して、格段にランクを上げ、世界のトップと戦い合うことができた
- ゴールを、他人軸のものから、「自分のポテンシャルを出しきる」に切り替え、自分軸にしたことによって、よりパフォーマンスが上がった
- プレッシャーによる自分の感情の動きをありのまま受けとめて、常に冷静に判断できるようになった
- ポーカーでは結局世界一になれなかったけれど、自分の実力を出しきってプレーすることができ、納得感をもって引退できた。そして心からやりたいことに向かって新たな道へ進むことができた

これらのことが、心からよかったなと思っています。

その後、3年間をかけて、現役時代から治療と並行して受けていたMET療法の養成講座で学んだことをもとに、「メンタル・パフォーマンス・コーチ」の活動を始めました。

2020年からはボストン・コンサルティング・グループで経営コンサルタントとして、さまざまなクライアントを支援する経験を積みました。

そして現在は独立し、国内外のクライアントを対象に、メンタル面のサポートを続けています。

当初は同業のポーカープレイヤーがクライアントでしたが、ありがたいことに口コミでクライアントがどんどん広がっていきました。

多いのは、

- テニスやゴルフなどスポーツ選手
- 投資関係の職業のビジネスパーソン
- 社長や役員など企業のトップ層

- タレントや歌手など、人前でパフォーマンスをする人

などです。

そして、クライアントの悩みはさまざまですが、多いのが次のようなお悩みです。

- 普段ならなんら問題なくパフォーマンスを発揮できるのに、大舞台だと実力を発揮できない（スポーツ選手）
- 失敗してはいけないと思えば思うほど、ボールをコントロールできなくなる「イップス」の状態になってしまう（スポーツ選手）
- 大きく損失を出せないというストレスのかかった状況のもと、投資判断を行わないといけないのに、冷静になれずに、結局判断ミスをしてしまう（投資家）
- 期待に応えなければ、この大仕事をやらなければ、と思ってはいるのに、ストレスによって、つい体調を壊すような行動（過度なアルコール摂取や睡眠不足）をやめられない（ビジネスパーソン）

これらの共通点は、**「頭では何をすべきかわかっているのに、（感情が邪魔をして）実行できない」**という状況です。

こうしたクライアントたちと同じく、ストレスやプレッシャーのかかる状況で、パフォーマンスを最大限に発揮したい、と思う人のためにこの本を書きたいと思いました。

この本を読んだみなさんのお役に立てれば幸いです。

マナベツバサ

第1章 「わかっていても、できない」はなぜ起こるのか？

♠

第2章

ポテンシャルを最大限発揮するための正しいゴール設定

第3章

最新心理療法で「わかっていても、できない」を克服する

♠

第4章 パフォーマンスを制限する感情を解放する

第5章 最終的に目指すべきマインドセット

第1章

「わかっていても、できない」はなぜ起こるのか？

♠「わかっていても、できない」の身近なケース

「わかっていても、できない」

「わかっているのに、ついついやってしまう」

そんな状況、身に覚えがある人も多いのではないでしょうか。


つい目的を忘れて全然違う言動をとってしまったり。あるいは、目標とは反対の行動をしてしまったり。

それは本来の目的や目標に向かって、自分のパフォーマンスを十分に発揮できている状態とは決していえないものです。


具体的にいうと、例えば、次のような状況です。

・ダイエットに失敗してしまう

多くの人がダイエットをしようとしては失敗しています。

ダイエットをする理由はさまざまでしょう。例えば、健康診断で指摘を受けたり、すでに糖尿病や高脂血症などを発症し、そのままでは健康を害するリスクがあったり、着られていたはずの服がすっかり入らなくなったり。

「Xキロ痩せる」とはっきり目標を決めているのに、たいていはその通りにいきません。

「痩せなきゃ」とわかっていても、ジムに行かずにダラダラしてしまう。

「血圧も肝臓の数値も悪いから、このままだとまずいですよ」と医師からも注意され、自分でもわかっているのに、間食をやめられなかったり、誘われるとすぐに飲みに行ってしまったりする人も少なくありません。

・議論になると相手の論破に専念してしまう

仕事の場面でも同じようなことがあります。

会議は、本来、現状をより良くするために、参加者同士で建設的な議論を行うことが目的の場です。

しかし、いつの間にか、本人も意識しないうちに、会議で相手を言い負かすことだけに執着してしまうことがあります。

反論を自分への攻撃だと思って強く反発してしまう。会議の目的を見失って論破に専念してしまう。そういうこともよくあるケースです。

・誹謗中傷を気にしてエゴサーチしてしまう

今や誰もが発信者になれるＳＮＳ社会です。

だからでしょうか。最近、私のところへいらっしゃるクライアントで増えてきた相談があります。

「エゴサーチしないほうがいいとわかっているのに、ついついしてしまい、結果、傷ついてしまう」というような内容です。

経営者やアスリートなど、メディアに出ていたり、何かと目立つ立場の人は、どれだけ立派でどれだけ結果を出していたとしても、いわれなき暴言や誹謗中傷を避けられない側面があります。

自分に対する誹謗中傷はあまり見ないほうがいいですし、仮に目に入っても気にしないほうが、自分自身にとっていいはずです。

それなのに、自ら進んで見に行き、根拠もない悪意に満ちたコメントにショックを受けてしまうのです。

さらに、たった一つの悪意を持ったコメントに気を取られて、パフォーマンスが下がってしまうことすらあります。

・仕事のミスを引きずって次の仕事が手につかない

やるべきことが山積みなのに、さっきやってしまったミスに落ち込んだり、トラブルが発生したことが気がかりで仕事が全然手につかない。

頭では「落ち込んでいる場合ではない」と思うのに、ミスの内容を思い出しては「なんであんなことしてしまったのか」と自分を責めたり、トラブルにも「自分があのとき、こうしなければ」と後悔ばかりが頭をよぎります。

頭では、「仕事に集中するべきだ」と思っていても、どうしても集中できない。仕事をしたとしても上の空になってしまい、さらに失敗を重ねてしまう……なんてこともあると思います。

さて、ここまで述べてきた

- わかっていても、できない
- わかっているのに、ついついやってしまう

という状況、当てはまるものがある人も多いのではないでしょうか。

図01 「わかっていても、できない」のさまざまな例

1

ダイエットに
失敗してしまう

2

議論になると相手の論破
に専念してしまう

3

誹謗中傷を気にして
エゴサーチしてしまう

4

仕事のミスを引きずって
次の仕事が手につかない

♠「わかっていても、できない」を解消するには

本書は、この「わかっていても、できない」という状況に対して、例えば「ダイエットのやり方」とか、「会議をうまく進めるコツ」などを紹介するものではありません。

また、「ネットでエゴサーチはしないように」「落ち込むより仕事をしよう」と正論をお伝えして、それで終わってしまうような話でもありません。

冒頭のように「わかっていても、できない」「やるべきことや目標があるのに、それに沿わない行動をしてしまう」という状況を、最新の心理療法で解決し、自分のポテンシャルを100%発揮できるようになるための本です。

具体的には、次のような方法です。

❶「情動が理性を支配する」という脳の仕組みを理解する

❷その仕組みによって引き起こされる「逃避行動」の原因となる感情と向き合い、それを解消する

この2つを理解し、実践することで、本来の目標や目的（ゴール）に沿って行動できるようなマインドセットを作ることができるようになります。

第1章では、まず❶の「情動が理性を支配する」脳の仕組みと、❷の「逃避行動」とは何かについて解説していきます。

この2つが、「わかっているのに、できない」という状態の原因と、深く関わっている重要なポイントです。

それでは、一つずつ詳しく見ていきましょう。

♠「情動が理性を支配する」とはどういうことか？

まずは❶「情動が理性を支配する」という脳の仕組みからお伝えしていきましょう。

ここで言う「情動」とは、怒り・恐怖・不安・喜びなどの感情のうち急激で一時的なものを表します。


なぜ、前項のように「わかっていても、できない」が起きてしまうのでしょうか？

理解しやすいように、少し原始的なケースで説明していきましょう。


例えば、森の中で突然クマに遭遇したと想像してみてください。

クマを目にした瞬間、「クマだ！」ととっさに認識し、全身が一気に警戒態勢に入ります。

心臓がドキドキと高鳴り、筋肉が強張り、冷や汗が出て、いつでも走り出せる状態になります。この一連の反応は、脳が瞬時に危険を察知し、体に命令を出しているからです。

人間よりも圧倒的に強い力を持つクマとの遭遇は、私たちが本来持つ「生存本能」を刺激します。この本能的な反応を引き起こすときに中心的な役割を果たしているのが、脳の中にある**「扁桃体《へんとうたい》」**という部分です。

扁桃体は、脳の左右にある神経細胞の集まりで、脳の中でも最も起源が古い部分の一つです。**この扁桃体は、恐怖や不安、怒りといった「情動」をつかさどる領域です。命の危険を感じたとき、扁桃体は瞬時に反応し、全身に危険信号を送り出します。**

この信号によって、心拍数が上がり、筋肉が硬直し、冷や汗が流れるといった体の反応が引き起こされます。これらの反応はすべて、命の危機に直面した際に即座に逃げるため、あるいは戦うために、体を最適な状態にするものです。

一方で、「理性」をつかさどるのは、脳の前方に位置する**「前頭前野」**です。

前頭前野は、言語や論理的思考など、人間らしい理性的な判断を行う領域です。脳の中では比較的新しい部分であり、日常生活において私たちが理性的に行動できるのは、この前頭前野のおかげです。

普段の生活では、前頭前野が中心となって理性的に物事を判断しています。

しかし、クマに遭遇するような非常事態では話が違います。

扁桃体が強く反応し、脳全体を「扁桃体優先モード」に切り替えてしまうのです。そうすると、扁桃体は事実上、脳の中で最優先の指揮権を握り、理性をつかさどる前頭前野の働きを抑え込んでしまいます。

なぜ、理性が後回しにされるのでしょうか？

それは、**扁桃体の反応が生存のために「スピード重視」であるからです。**

例えば、クマを前にして「この斜面の角度は何度で、どう走ればいいか」と冷静に計算

図02 情動が理性を支配する

▶脳の仕組み

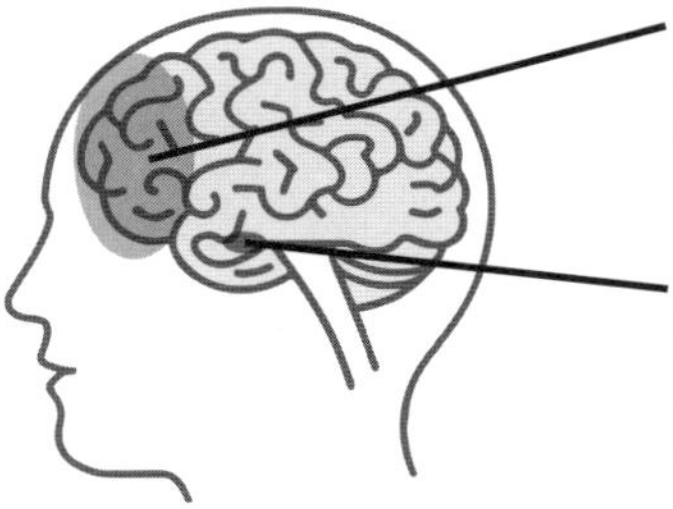

前頭前野

- 脳の前方にある新しい部分
- 理性や論理的思考を担当

扁桃体

- 脳の中心部に近い古い部分
- 情動を支配する
- 危険時に体全体に信号を送る

▶扁桃体優位

命の危険を察知すると
扁桃体が反応し
体全体に影響を及ぼす

- 呼吸は荒くなる
- 心臓がバクバクする
- 足が震える
- 冷や汗があふれる
など

危険時は、扁桃体に脳のすべてが乗っ取られてしまう
→情動が理性を支配する

している暇はありません。そんなことをしていたら、逃げ遅れてしまいます。扁桃体は、意識による判断を待たず、即座に体を行動可能な状態にすることができるのです。

このように、扁桃体が「情動」をつかさどり、前頭前野が「理性」をつかさどる中で、命の危険を感じるような非常事態においては、扁桃体が脳全体を支配します。一度、扁桃体に乗っ取られると、理性的な判断ができなくなってしまうのです。

これが、「情動が理性を支配する」という仕組みです。

扁桃体が、日常生活で誤作動する

とはいえ、現代の文明社会に生きる私たちにとって「クマに遭遇する」ような命の危機に陥ることはそう頻繁にはありません。

ですが、**「情動が理性を支配する」というこの脳の仕組みは、時として、命の危険がないにもかかわらず作動してしまうことがあります。**

例えば飛行機恐怖症の人が、機内の座席で不安と恐怖に包まれ、パニック発作を起こしているとします。

この人に対して、飛行機は安全で、今そこまで恐れる必要はないことを伝えるために、

「飛行機事故で乗客が死亡する割合は、あなたが普段運転している自動車事故の死亡率のたった10万分の1しかありませんよ」

とファクトベースで説明してみたところで、その人のパニック状態は治まりません。

一度扁桃体が反応して、情動に支配されてしまえば、しばらくは自分の行動を理性的にコントロールはできない、ということです。

まさに、「情動が理性を支配する」状態です。

このように、実際にそこまで命の危機ではない（もちろん飛行機事故が100%起きないわけ

ではないですが、確率は極めて低い）でも、扁桃体が過剰に反応することで、理性が抑え込まれてしまうことがあるのです。

飛行機恐怖症のようなことだけでなく、日常やビジネスの場面でもこうしたことは起こります。

例えば、プレゼンテーションの場面で次のような経験をしたことがある人もいるのではないでしょうか。

プレゼンは、自分の商品やプランをアピールする絶好の機会です。

「落ち着いて、聞きやすいように話すほうがいい」「そのための準備もしっかりしてくるべき」というのがビジネスの基本だと思います。

ただ、それもわかっていて、準備もしっかりしてきているのに、いざ人前に立つと緊張してうまく話せない。それどころか頭が真っ白になってしまう、という経験です。

これは、脳が人前でプレゼンすることを「命の危機」と錯覚してしまい、起きる現象です。**脳が「大勢の前で評価される状況」を「怖い」「危険」と判断してしまうのです。**

プレゼンに失敗しても命の危険はありません。しかし、脳は**「人前での評価＝生存に関わる重要な要素」ととらえてしまい、過剰に反応してしまう**のです。

脳の誤作動のようなイメージです。

そして扁桃体が働いて、「体がこわばる」「頭が真っ白になる」といった体の反応に出るのです。

一度、扁桃体が動いて、それに支配されてしまえば、それまで。

「落ち着け、1人の前でも100人の前でも、やることは同じだ」と言い聞かせたとしても、なかなか思うようには体が動いてくれません。

このように脳が誤作動を起こすことは、刺激の多い現代社会では日常的にも頻繁に起こります。そして一度扁桃体が反応してしまうと、**理性では自分の行動を制御できなくなってしまうのです。**

図03 扁桃体が必要以上に作動する

現代社会では実際に生命の危険がないときでも
扁桃体が「危険」と判断し、過剰に反応することがある

飛行機恐怖症の例

「飛行機事故の死亡率は
自動車事故の10万分の1」

論理的説明は効果なし

プレゼンでの例

「大勢の前で
評価される状況」を
脳が「生存の危機」を
誤認識

理性＜情動

一度扁桃体が動いて情動に支配されてしまえば、
しばらくは自分の行動を理性的にコントロールできない

♠「逃避行動」とは――耐えられない刺激を避ける脳のメカニズム

ここまで、私たちが「わかっていても、できない」という状況に陥る仕組みを、脳科学の視点から解説してきました。

しかし、この問題を理解するためには、もう一つ重要な要素があります。

それが❷「逃避行動」です。

「逃避行動」とは、向き合うことに耐えられないようなマイナス感情や刺激を回避するために、私たちが無意識または意識的にとる行動のことです。これは一時的に心の痛みを和らげますが、根本的な問題解決にはならないことが多いです。

私が、「逃避行動」について説明する際に、よくお伝えしているたとえ話があります。

「幸せに暮らした夫婦の話」です。

結婚して20年間、幸せに暮らしていた40代の夫婦がいました。

ですが残念なことに、夫が急に亡くなってしまいました。

しかし妻は、夫の死後も2年もの間、朝も昼も晩も、夫の分の食事を必ず準備して、夫が生きているように振る舞っていました。


この話を聞いたとき、多くの人がおそらく「夫の死という強烈な悲しみやショックに向き合うことができないのだろう」「夫の死を認めたくなくて、食事を作り続けてしまっているのだろう」と考えることでしょう。


それはまさにその通りです。彼女の脳にとって「夫の死」という現実は、あまりにも大きすぎる刺激・衝撃であり、扁桃体はそれを「命の危機」に匹敵するほどの脅威としてとらえたのです。

「夫の死」は彼女にとって向き合うのが耐えられないほどの悲しみでした。

したがって「妻が夫の死後も、以前と同じ生活パターンを繰り返す」という行動は、彼女が過度な悲しみやつらさを感じないようにするために脳が作り出した「逃避」のための行動と言えるのです。

「避けたい感情」と「逃避行動」という事実がわかりやすいのでこの例を挙げました。

つまり、

- 避けたい感情・刺激：夫の死による悲しみ
- 逃避行動：同じ生活パターンを繰り返す、毎日夫の分の食事も作る

ということです。

実はこの「逃避行動」は、日常生活で、例えばスマホ依存や暴飲暴食、必要以上に忙しく働いてしまうことなど、一見するとそこまで大きな問題ではないと思える行動の背後にも、隠れていることが多くあります。

冒頭の「わかっていても、できない」の例をあらためて「逃避行動」の観点から話していきましょう。

図04 「避けたい感情・刺激」と「逃避行動」

▶夫を亡くした妻の例

避けたい感情・刺激

夫の死による悲しみ

↓

逃避行動

同じ生活パターンを繰り返す

「逃避行動」とは、耐えられないほどの
つらい感情や刺激を
回避するために、無意識または意識的にとる行動

♠ビジネスや日常生活での逃避行動

・ダイエットに失敗してしまう

まず、ダイエットでの逃避行動を見ていきましょう。

小説やテレビドラマなどでよく描かれますが、ダイエットに失敗してしまう理由の一つとして、失恋した後、過食してしまうようなケースがあります。

この場合「失恋の痛み」が「避けたい感情・刺激」です。

この失恋がつらすぎて、そこに対して、「つい食べすぎてしまう」という「逃避行動」をとってしまいます。

あるいは、ビジネスパーソンで、健康診断で問題があると指摘を受けたりするケースで、ダイエットできない場合があります。

この場合「仕事のストレス」などが「避けたい感情・刺激」になることが多いものです。

つまり「仕事のストレス」を感じたくなくて、「食べる」という逃避行動に出てしまうということです。「仕事がストレスフルすぎて、食べないとやってられない」という状態です。

また、「健康に悪いとわかっていても、家庭のストレスでタバコをやめられない」なども、これらと同じような逃避行動になります。

- 避けたい感情・刺激：失恋の痛み、仕事や家庭のストレス
- 逃避行動：過食する、タバコをやめられない

ということです。

● 議論になると相手の論破に専念してしまう

議論で論破することに固執してしまうケースは、「議論に負けることに対する強い恐怖感」が「避けたい感情・刺激」になります。

本人は理解・意識していないことがほとんどですが、「負けたときに出てくる感情をどうしても阻止したい」「負けてしまったときのストレスが耐えがたい」のです。

このケースの人は、「自分が正しくなければいけない」「自分は、能力のある人間であるべきだ」というような考え方を強く持ってしまっています。

そういう場合、「自分は正しい」「自分は能力のある人間だ」という状態が揺るがされることに対して、人一倍ストレスを感じてしまいます。

「そうではない自分」を想像すること自体が、耐えがたいほどの恐怖や不安になるのです。

「自分は正しい」「自分は能力のある人間だ」を揺るがす出来事が、「避けたい感情・刺激」となり、それを回避するために、本来の目的を忘れて「とにかく相手を論破してしまう」という「逃避行動」に走るのです。

たとえ、その行動の結果として周囲からの評価が下がってしまうとしても、行動をやめられない場合が多いです。

なぜなら、「自分が正しい」「自分は能力のある人間だ」という世界観を維持すること（たとえそれが幻想であったとしても）のほうが、脳にとっては重要だからです。

- 避けたい感情・刺激：「自分が間違っている」と感じること、「自分は能力がない」と感じること
- 逃避行動：論破することに固執する、本来の目的を忘れて勝つことだけに専念する

ということです。

このように、逃避行動は必ずしも合理的な結果をもたらすわけではなく、むしろ逆効果になることもあるのです。

また、すでにお気づきの方もいると思いますが、この場合の「避けたい感情」は、単に瞬間的なストレスや不快感によって生まれるものではありません。

根底に、「自分は正しくなければならない」「間違うことや能力がない自分には価値がない」といった価値観（世界観）が存在しているからこそ、避けたい感情が発生しています。

このような価値観を**「ビリーフ」**と呼びます。

ビリーフとは、自分が無意識のうちに信じている「世界のとらえ方」や「自分に対する信念」「価値観」「ものの見方」のことを指します。

私たちの行動や感情の多くは、このビリーフによって左右されます。

例えば、

- 「失敗することは許されない」というビリーフを持っている人は、新しいことに挑戦することを極端に恐れる
- 「他人に認められなければ価値がない」というビリーフを持っている人は、人の期待に応えようと行動し続ける

というようなことです。

このように、**どのようなビリーフを持っているかによって、私たちの行動は大きく変わ**

ってきます。

・誹謗中傷を気にしてエゴサーチしてしまう

誹謗中傷も議論中に論破しようとしてしまうケースと似ています。

「すべての人に認められたい」とか「誰かに嫌われることを極端に嫌う」という人がいると思います。

けれども、そもそもすべての人に好かれることなんて無理です。特に今の世の中、ネットでいろんな人の意見を目にすることが多い環境で、それは不可能に等しいともいえます。

普通に考えれば、傷つきたくないなら、そもそもエゴサーチなんてしなければいい、見なければいいはずです。

それでも、わざわざエゴサーチをして、自分に対する誹謗中傷を探しに行くような行動をとってしまう人がいます。

それはなぜか？

これもビリーフが関係しています。

例えば、過度に「嫌われたくない」と思っている人は「誰からも認められなければいけない」というビリーフを持っていることが多いです。その場合、すべての人の意見を知らなければ気がすまなくなります。

ということはつまり、**他人の意見を知らないことに対して強い不安を感じるのです。**

本来なら「無視すればいい」「気にしないほうがいい」と頭ではわかっていても、「自分の評判を完全に把握していないと安心できない」という感覚があります。その感覚が、「不確実な状態」に対する恐怖を生み、その不安をかき消すためにエゴサーチという逃避行動を繰り返すのです。

- 避けたい感情・刺激：誰かから嫌われることへの恐怖、自分の評判がわからない不確実さへの不安
- 逃避行動：エゴサーチを繰り返す、批判的な意見を探し続ける

ということです。

図05 「ビリーフ」(価値観・信念)

「逃避行動」を引き起こす「避けたい感情・刺激」の裏には「ビリーフ」(価値観・信念)が潜んでいることがある

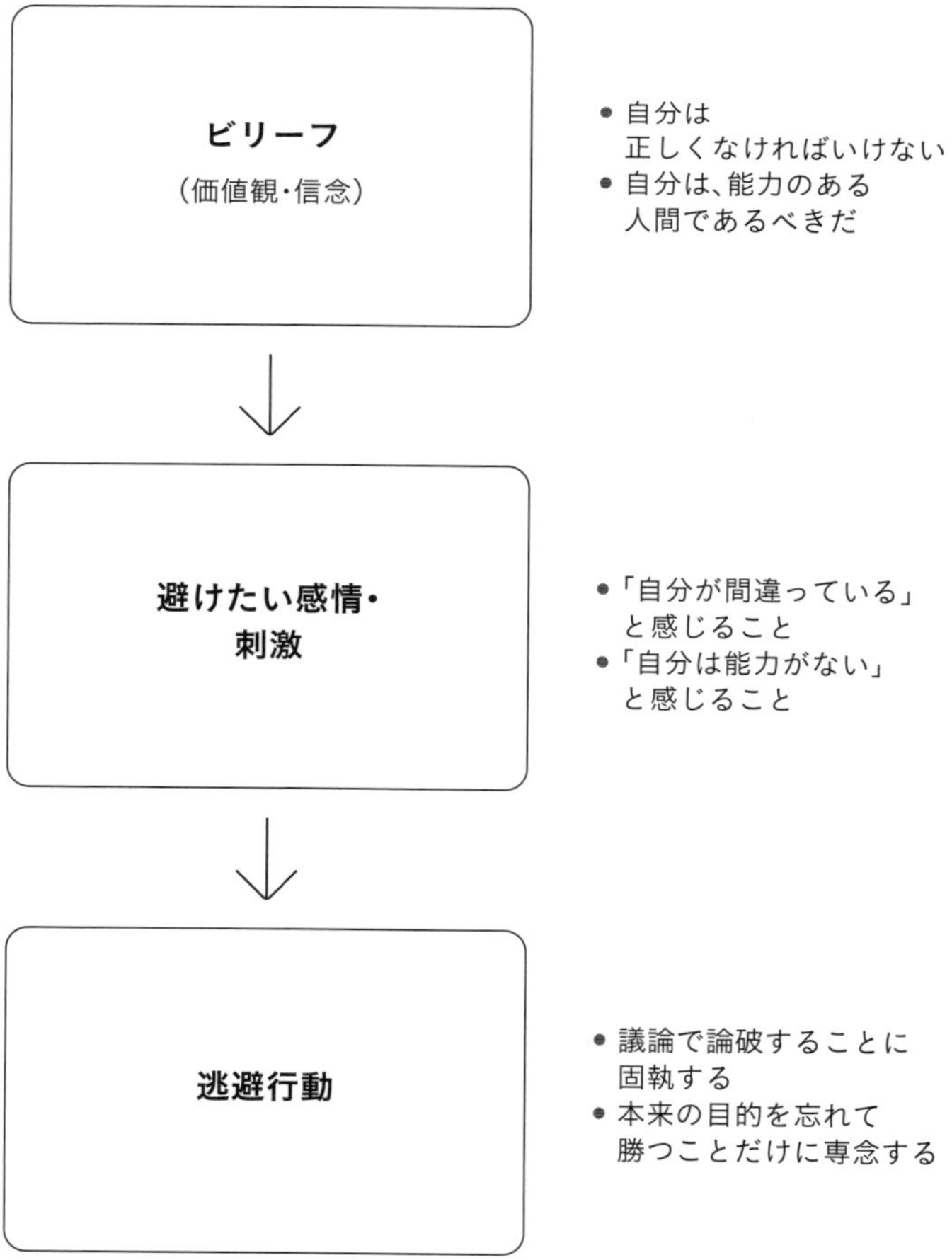
ビリーフ
(価値観・信念)
● 自分は正しくなければいけない
● 自分は、能力のある人間であるべきだ
避けたい感情・刺激
●「自分が間違っている」と感じること
●「自分は能力がない」と感じること
逃避行動
● 議論で論破することに固執する
● 本来の目的を忘れて勝つことだけに専念する

・仕事のミスを引きずって次の仕事が手につかない

このようなケースでは、次のようなことが考えられます。

例えば、上司から必要以上に厳しく叱責されるような状況の人の場合です。この場合、いろんな感情が考えられますが、ここでは上司に対する怒りや不満があるものの、それを直接態度には出していないケースを考えてみましょう。

この「表に出せない怒りや不満」は抑え込まれ、蓄積されるとやがて大きなストレスになります。そのストレスが「避けたい感情・刺激」となり、それを避けるために、その感情を自分自身に向けてしまうのです。

結果として「自分が悪いと責めたり、必要以上に落ち込んだりする」という逃避行動につながります。

・避けたい感情・刺激：上司への表現できない怒りや不満

・逃避行動：自分を必要以上に責める、落ち込むということです。

このように、日常生活やビジネスの場面でよくある「わかっていても、できない」という状況の背後には、実は「逃避行動」が隠れていることが多いのです。

こうした無意識の逃避行動が根底にある場合、「現状を変えたい」と思っても、なかなかうまくいかないものです。

なぜなら、脳が「向き合うことは危険だ」と判断し、それを避けるように仕向けているからです。

前述の通り、扁桃体が一度反応してしまうと、理性では行動をコントロールするのが難しくなります。

「わかっていても、できない」という現象には、こうした脳のメカニズムが深く関係しているのです。

♠第1章のまとめ

この章では、「わかっていても、できない」という現象の背景にある、「情動が理性を支配する」という脳の仕組みと、「逃避行動」について詳しく見ていきました。

恐怖や不安などの強い感情が生まれると、扁桃体が反応して脳全体を支配し、理性ではコントロールできなくなります。これが「情動が理性を支配する」仕組みです。

この仕組みは、特に命の危険がない日常や仕事の場面でも起こりやすく、強いネガティブな感情を避けるために、私たちが無意識にとる「逃避行動」が、「わかっていても、できない」という、本来の目的からズレた行動の原因になることが多いということです。

しかし、こうした知識を得ただけでは、問題の解決には至りません。

「わかっていても、できない」を本当に克服するためには、さらに一歩踏み込んだアプローチが必要です。

第2章では、自分のポテンシャルを最大限に発揮できるマインドセットの基礎となる「正しいゴール設定」について説明します。

どのように目標・目的を持てばいいのか。

どのような目標・目的を持ってしまうと、ポテンシャルを発揮できなくなってしまうのか。

こうしたことについてお話ししていきます。

そして第3、4章では、扁桃体に乗っ取られてしまう状況を脱し、「逃避行動」をとってしまう自分を変える具体的な方法を紹介します。

第2章

ポテンシャルを最大限発揮するための正しいゴール設定

♠脳科学的に見たゴール設定の重要性

第1章では、「わかっていても、できない」という現象の仕組みを脳科学の視点から解説しました。

キーワードは次の2つでした。

❶情動が理性を支配する
❷逃避行動

「わかっていても、できない」という問題を解決する方法をお伝えする前に、この章では、もう一つ重要な要素についてお話ししたいと思います。

それは、**正しいゴール設定**についてです。

自分のポテンシャルを最大限に引き出し、パフォーマンスを向上させるためには、適切なゴール設定が欠かせません。

しかし、その前に、そもそもなぜゴール設定が重要なのかについてお伝えしたいと思います。

ここでも再び、脳の仕組みをもとに説明していきます。

私たちは「自分が見ている世界は客観的である」と思いがちですが、実際には脳が取捨選択した情報だけを見ています。

これを理解するのに最もわかりやすいのが、RAS（網様体賦活系）の働きです。

RASというのは、脳幹という場所にある神経ネットワークで、**脳内で情報のフィルターの役割を果たします。これは、自分にとって重要だと判断したものだけを意識に上げ、それ以外の情報は無視するような機能があります。**

人間の認知したものを処理する能力には限界があります。

同時に処理できる情報には制限があるため、実際は全部をそのまま処理しているわけではありません。


ＲＡＳが存在する理由については、脳科学的に次のような説があります。

脳がすべての情報を処理すると消費カロリーが莫大になりすぎて生命維持に悪影響を及ぼしかねないというものです。そのため脳を「省エネ運転」にすることでエネルギー不足を避ける方向に進化してきたと考えられています。


ＲＡＳを直感的に体感できる面白い例として紹介したい動画があります。

ＹｏｕＴｕｂｅで「The Monkey Business Illusion」と検索すると、およそ１５００万回も再生されている（２０２５年3月時点）、２分足らずの動画に行き着くはずです。

たった2分足らずですので、もし余裕があればいったんここで本を閉じ、ぜひこの動画を一通り視聴してみることをおすすめします。

（ＵＲＬ：https://youtu.be/IGQmdoK ZfY?si = WZ2-YZ1lbsz8j_0v）

図06 人間の脳は処理能力に限界がある

▶RAS(網様体賦活系)の仕組み

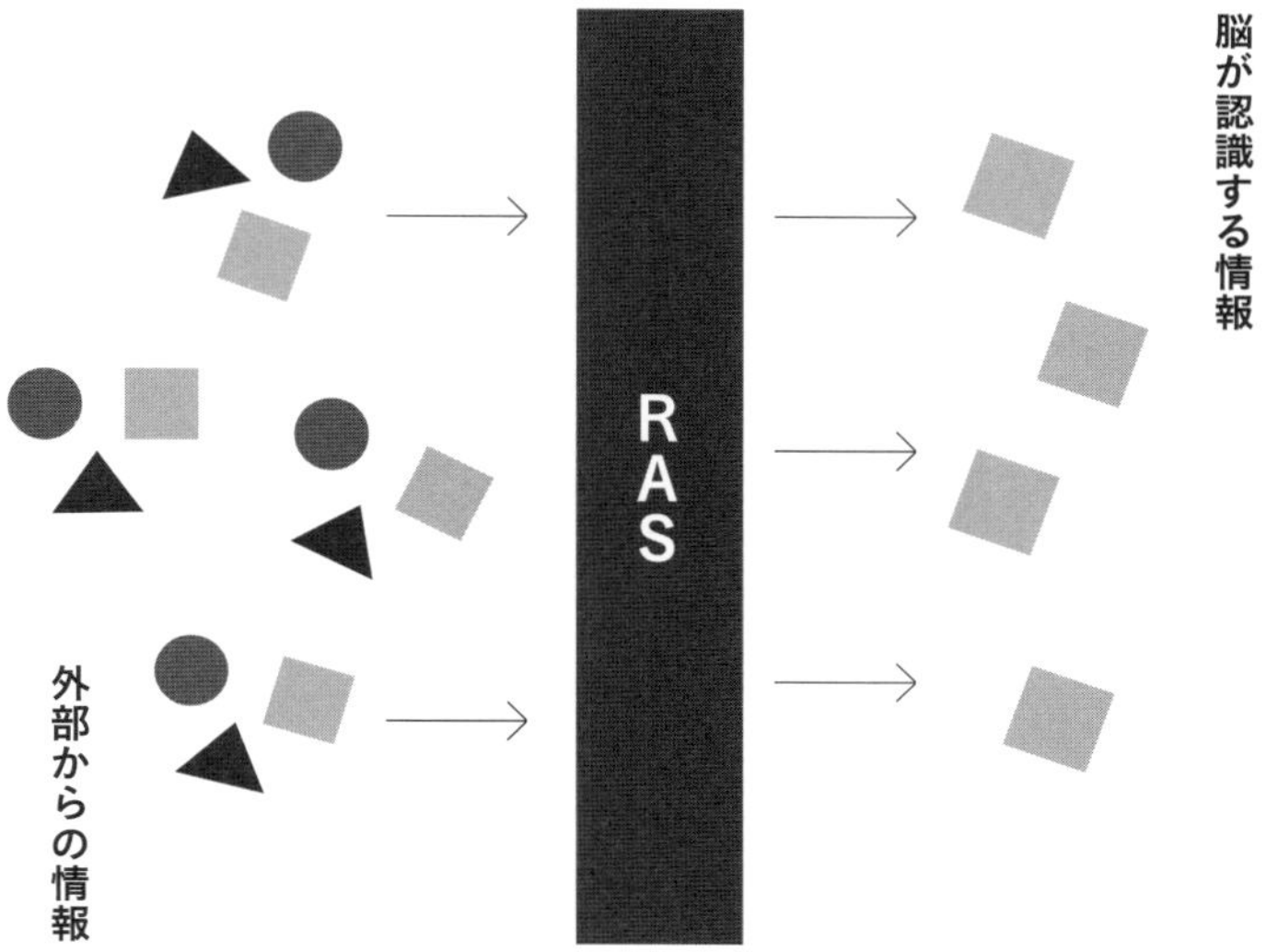

RASが情報のフィルターの役割を果たし、
自分にとって重要だと判断したものだけを意識に上げ、
それ以外の情報は無視する

この動画は、**RASの働きを可視化する実験を実際に行っているものです。**

白い服を着た人、黒い服を着た人がそれぞれ3人ずついます。

視聴者には、「白い服を着た人たちがパスを何回出したか、その数を数えること」を要求します。

実際に数えてみると、けっこう難しいのです。

数えなくてもいい黒い服の人もパスを回していて混乱しますし、お互いに交錯しながら動いているため見えにくかったり、パスそのものが小さな動きだったりして、注意深く観察していないと何回か見逃してしまいそうです。

正解は「16回」です。

ただここで重要なのは、正解することではありません。実は、本当のポイントは別のところにあります。

白い服の人たちと黒い服の人たちがパス回しをしている間に、まったく関係のない、ゴリラの着ぐるみを着た人が割り込んできて、しかも途中でカメラにアピールまでして、そのまま画面の外に去って行くシーンがあったのです。

ですが、後から指摘を受けるまで、ほとんどの視聴者は気づきません。

さらに驚くのは、動画の途中で、画面の背景にあるカーテンの色が、深紅から明るめのオレンジ色に急に変化していることです。

これも言われてみれば気づかないはずがないくらい派手な変化なのに、認識できないのです。


私はこの動画を多くの人に見てもらいましたが、ゴリラに気づく人はときどきいても、今までカーテンの色の変化を指摘できた人はいません。ゼロです。

これだけ堂々と提示されていてもなお、パスの回数に注目しているがゆえにそれ以外を脳が「ないもの」として処理してしまうことで、見えなくなっていることがわかります。

これがＲＡＳの働きです。

つまり、**人間はすべて見えていると思いながら、実は多くのものを見えていないのです。**

言い換えれば、**ＲＡＳの焦点をどう設定するかによって、同じものを見ても見える内容が大きく変わってくる、**ということです。

ＲＡＳの焦点の設定は、いろいろな要素によって左右されます。

例えば興味・関心などが該当します。

車好きの人は、街を行き交う車に興味を示すのに対し、車の免許を持っていない人は車を見ても車種までは認識しないでしょう。

ラーメンを食べたい人とハンバーガーを食べたい人に見える情報も異なります。ラーメンを探している人の目にハンバーガー店の看板が映っても、一瞬で無視します。

興味・関心だけでなく価値観や考え方も同じです。

例えば「人は信頼できない」という価値観を持っている人は、その価値観を肯定する情報しか認識しません。会社で上司が「前はＯＫだったのに今はＮＧ」と言ってきた場合、「やっぱり人って信用ならない。すぐ裏切る」と感じるでしょう。

一方で「毎日が楽しい！」と思っている人は会社で同じことが起きても気にしなかったりします。「上司も事情があるのかな」くらいにとらえて、すぐ忘れたりします。

図 07

人間は見えていると思いながら実は多くのものを見ていない

RASの働きを可視化した実験

動画“The Monkey Business Illusion”

ゴリラの着ぐるみを来た人が
登場し去っていく
カーテンの色が
変化
注目するよう指示された情報
(ボールの動き)のみが見え
ゴリラや背景の色変化には
気づかない

人間の脳は興味や関心があるものしか認識しない

脳は無意識のままでは「現状維持」をゴールにしてしまう

前項では、ＲＡＳ（網様体賦活系）が脳内でフィルターの役割を果たし、何を認識し、何を無視するかを決めていることを説明しました。

ここで押さえておきたい重要なポイントがあります。それは、**脳には「無意識のうちにゴールを設定する仕組み」があるということです。**

そして、その無意識のゴールは、ほとんどの場合「現状維持」に設定されています。なぜなら、脳の最優先事項は「生き延びること」だからです。

進化の過程で、私たちの脳は「今、自分が生きているということは、この環境が安全だ」という前提で働くように作られてきました。そのため、脳は、環境や状況が「変わること」に対して警戒し、変化を避けようとするのです。

脳にとっては、「今の状態を保つこと＝安全」という結論に落ち着くわけです。

したがって、もし現状を変えたい、あるいは今よりもっとパフォーマンスを発揮したいと考えるのであれば、「意識的にゴールを設定すること」が必要になります。

この脳が安心できる範囲内に留まろうとする仕組み、「今のままが安全」という感覚は**コンフォートゾーン**と呼ばれています。

コンフォートゾーンの中にいるかぎり、不安やストレスを感じることは少なくなりますが、同時に成長や変化も起こりにくくなります。

そのため成長や変化をしたいのであれば、意識的にゴールや「目指すべき方向」を設定する必要があります。そうすることで、ＲＡＳの焦点が変わり、変化をうながす情報を拾い始めるようになるのです。

♠正しいゴール設定は「自分のゴール」である

では、成長したい、結果を出したい、変わりたい人にとっての「正しいゴール設定」は、どのようなものなのでしょうか。

結論から言えば、**良いゴールとは「自分のゴール」、つまり「自分が好きなこと」「本当にやりたいこと」を目指すものです。**

ここで重要なのは、「やらなければならないこと」や「他人から評価されること」をゴールにするのではなく、「自分が心からやりたい」と感じることを基準にゴールを決めることです。

言い換えれば、**「止められてもやりたいこと」「お金にならなくてもやりたいこと」**です。

「自分のゴール」を設定すると、その目標に向かうプロセスそのものが楽しく感じられ、充足感を得ることができます。

外部からの動機づけではなく、内側から湧きあがる興味や好奇心が原動力となるため、長期的にモチベーションを維持しやすく、困難があっても乗り越える力が生まれます。

一方で、「社会的に成功するため」「親や上司に認められるため」といった他人からの評価でのゴールを設定すると、モチベーションが持続しにくく、達成しても本当の意味で満たされることはありません。

例えば、医者や弁護士を目指す人の中には、「親がそう望んだから」「社会的に安定しているから」という理由で選ぶ人もいます。しかし、もしそれが自分自身の興味や情熱と結びついていなければ、仕事を続ける中で充実感を感じにくく、燃え尽きやすくなります。

逆に、自分が本当にやりたいことをゴールに設定すると、他人からの評価に左右されることなく、プロセスそのものを楽しむことができます。そのため充実感を持って取り組むことができ、パフォーマンスも発揮しやすく、結果として成果にも結びつきやすいのです。たとえ困難な状況に直面しても、「どうすれば乗り越えられるか？」と前向きに考えられるようになります。

つまり、「正しいゴール設定」とは、**社会的評価や他人の期待に左右されず、「自分が本当にワクワクすること」「やりたくてしかたがないこと」を見つけ、それを目指すこと**なのです。

また、ゴールを設定する際に、**他人の意見はまず考慮する必要はありません。**たとえそれが親や上司、世間の評価であってもです。

例えば、会社に勤めているある人が、自分の好きなこと、本当にしたいことを考えたうえで、仕事に関しては、「個人的な趣味を続け、極めるためのお金を稼ぐこと」をゴールに設定したとしましょう。

会社の上司や先輩がこのことを知ったら、「不真面目だ」とか「志が低い」などと言うかもしれません。親がこのことを知ったら、「あなたの能力ならもっと大きな仕事だってできるはずなのに」と失望するかもしれません。

しかし、私がクライアントからこのゴール設定を聞かされたら、基本的には「それでまったく問題ありません」とお答えします。

仕事は趣味生活を充実させるためのお金稼ぎという手段であり、それとは別に自分のやりたいこと（趣味）という自分軸の明確なゴールがあるからです。

むしろ、趣味生活を邪魔しかねない過剰な負担や時間的拘束のある働き方は、可能なかぎり避けたほうが良いでしょう。

なぜなら、それが「自分のゴール」に向かう正しい方法だからです。

会社や上司は、「人手が足りないから残業してほしい」「ここでがんばって成長してほしい」「いずれはあなたがリーダーになってみんなをまとめてほしい」と望むかもしれません。

ですが、それは「会社のゴール」「上司のゴール」であって、「自分のゴール」ではありません。

同じように「ひたすら真面目に会社に勤める」「社会で名を上げる」などといったゴールも、「親のゴール」や「上司のゴール」などの「他人のゴール」であることが多いのです。

ゴール設定で最も大事なのは、その内容ではありません。

そのゴールが本当に「自分軸」であるかのほうが、ずっと重要なのです。

「他人軸」でゴールを決めてしまっている人は多い

しかしながら、意外と多くの人が、「自分のゴール」と思い込みながら、「他人のゴール」を設定しがちです。

例えばこんな違いです。

A　体操が好きなので、体操を目いっぱい楽しみながら、世界のトップ選手と競い合いたい

B　オリンピックに出て金メダルを取りたい

図08 「自分のゴール」を持とう

自分のゴール

内側からの動機

- 止められてもやりたいこと
- お金にならなくても
  やりたいこと

⇒長期的モチベーションを
維持しやすく、
困難があっても乗り越えられる

他人のゴール

外部からの動機

- 社会的に成功するため
- 親や上司に認められるため

⇒モチベーションを維持しにくく
達成しても本当の意味で
満たされることがない

良いゴール設定は、
「自分が本当にワクワクすること」を見つけ、
目指すこと

Aが「自分軸のゴール」で、Bは「自分軸だと思い込んでいる他人軸のゴール」です。

Bは、「オリンピック出場」や「金メダル獲得」が、「他人軸のゴール」となります。

なぜならオリンピック出場を判断するのも、金メダルか銀メダルかを決めるのも、**「自分以外の尺度」に依存するからです。**

また多くの場合、Bのような目標を持つ理由は、他人からの承認や評価を得たいという欲求、すなわち「承認欲求」に基づくためです。

他人軸のゴールを追い求めると、仮に達成したとしても、得られるのは一時的な高揚感にすぎず、真の充足感にはつながりません。

なぜなら、それは本当に自分が望んでいたものではないからです。

さらに、他人軸のゴールを追い求めることはパフォーマンス面でも問題があります。

他人の評価を基準とするゴールでは、「つらくなったときに踏ん張りがきかない」「重要な場面で他人の目を気にしてしまう」といったことが起こりやすくなります。

そのため、自分のポテンシャルを最大限に引き出せないのです。

特に競争の激しいプロスポーツの世界では、このマインドセットの違いが顕著に表れます。

そのため、トップアスリートたちは**結果だけにこだわるのではなく、プロセスに集中し、最大限のパフォーマンスを発揮することに意識を向けています。**

ゴール設定を、単に「勝つこと」ではなく、「自分の能力をどこまで引き出せるか」「最高のパフォーマンスをどれだけ実現できるか」にするのです。

私はメンタルコーチとして、仕事上アスリートのインタビューを分析する機会が多いのですが、特にアメリカのスポーツ界では、メンタル面の指導が進んでいます。

一例として、アメリカの器械体操の選手たちは、試合後のインタビューでどんな質問を受けても、次のような観点で答えるように指導されていた時期がありました。

❶準備の質がどのくらい良かったか
❷自分のポテンシャルをどれだけ出しきれたか
❸試合をどれだけ楽しめたか

これは**自分でコントロールできるプロセス（準備・実力発揮・試合を楽しむこと）に集中することが結果的に最大のパフォーマンスにつながる**という考え方が徹底されている証拠です。

実際、アメリカのスポーツ界では「試合中は結果に固執しすぎず、それよりも自分のプロセスに最善を尽くすことに集中するべき」というマインドセットを徹底的に教育しています。

水泳で28個のオリンピックメダルを獲得したマイケル・フェルプス選手のインタビューでも、この考え方が明確に表れています。

彼は、自分の力を出しきれずに金メダルを獲得したレースでは不満そうな様子を見せ、一方で、結果が2位以下でも自分の最高のパフォーマンスを出しきったレースでは、満足そうにインタビューに答えていました。

これは、彼が単なる結果ではなく、自分がコントロールできるもの（準備・実力の発揮・試合の楽しみ方）にフォーカスしていることを示しています。

一方で、幼少期から「勝つことがすべて」「勝者は敗者より優れている」といった価値観を植えつけられた選手は、勝敗を「絶対的な評価基準」としてしまいます。

もちろん、彼らも「結果を気にしすぎないでプロセスに集中しよう」「試合を楽しもう」と頭ではわかっています。

しかし、なかなか「オリンピックで優勝しなければ意味がない」「負けたら価値がない」というBのような思考を捨てきれないのです。

その結果、舞台が大きくなればなるほど、プレッシャーに押しつぶされ、重要な場面でメンタルを崩してしまうのです。

スポーツの世界にかぎらず、こうした問題はどの分野でも起こります。

例えば、「○○大学に進学する」「公務員になる」「年収○○円を達成する」といった外的な基準で決まる目標を持つ人の多くは、**それが本当に自分のゴールなのかを振り返る必要があります。**

このような目標を持つ人の中には、実際には親や先生、社会の価値観、つまり「他人軸のビリーフ」に影響され、無意識のうちに「これが自分のゴールだ」と思い込んでいるケースが少なくありません。

もし、「成績を上げたいのに、勉強をサボってしまう」「仕事をがんばっているのにモチベーションが上がらない」といった悩みを抱えている人はまずゴール設定を見直すことからおすすめします。

ゴールが自分軸であるかを見極める3つのポイント

ゴールが「自分軸」であるかどうかを見極めることは、一見簡単なようでいて、実は難しいものです。

他人から見れば「それは親のゴールじゃない？」「社会的な評価を気にしすぎでは？」とすぐにわかることも多いですが、当の本人は気づかないことがほとんどです。

そのため、自分のゴールが本当に「自分軸」なのかを確認するための、3つのポイントをお伝えします。

❶「〇〇しなければならない」「〇〇であるべきだ」というフレーズが入っている

まず、ゴール設定の理由や背景に「〇〇しなければならない」「〇〇であるべきだ」というフレーズが入っている場合、その目標は「他人軸」である可能性が高いです。

これらの言葉には、社会や周囲からのプレッシャーが強く影響しており、純粋な欲求というよりも、義務感や強迫観念によって作られた目標であることが多いのです。

例えば、

- 「（親が今まで私の教育に投資してくれたので）良い大学に入らなければならない」
- 「（成功している経営者なら）会社の売上は○○億円はあるべきだ」

こうした思考がある場合、その目標は本当に自分が望んでいるものなのか、立ち止まって考えてみる必要があります。

❷「相対的なゴール」を掲げている

また、「相対的なゴール」を掲げている場合も注意が必要です。

相対的なゴールとは、「他人との比較」を前提とした目標のことです。「誰かより優れていること」「何かのランキングで上位に入ること」などが該当します。

例えば、

- 「同期の中で一番出世したい」

・「オリンピックで金メダルを取りたい」

これらのゴールは、常に他人との競争を前提としているため、努力しても上には上がいて、達成感が得られにくいです。また、仮に頂点に立ったとしても、モチベーションを維持することが難しいため、競争自体の過程を楽しめないかぎり、日々の仕事や練習がつらくなってしまうでしょう。

❸「自慢したい」「認められたい」という動機で設定されている

さらに、「自慢したい」「認められたい」という動機で設定されたゴールも、他人軸である可能性が高いです。

社会的な評価や他人の承認を得ることを目的にしていると、本当にやりたいこととはズレたまま努力を続けることになります。

よく耳にするゴールで注意が必要だと感じるのは「使う目的のない収入・資産のゴール設定」です。

例えば、

・「年収1億円稼ぎたい」
・「資産100億円を築きたい」

こうした目標を掲げること自体に問題はありませんが、多くの場合、背景には「安心したい」「評価されたい」という心理が潜んでいます。

しかし、お金自体が目的になると、いくら稼いでも根本的な不安や承認欲求は満たされず、目標額に達しても満足感は一時的なものになります。そしてすぐに「もっと」という欲求が生まれ、際限なく高い目標を追い続けることになるのです。

では、「本当に自分が求めているもの」を見つけるにはどうすれば良いのでしょうか？

ヒントとなる問いかけが一つあります。

次の質問を自分に投げかけてみてください。

「もし突然、一生働かなくても暮らせるほどのお金と名声を手にしたとしたら、自分は何をするだろうか？」

この問いを立てることで、「お金のためにやらなければならないこと」や「世間の評価を気にして選んだこと」が取り払われ、純粋に自分が本当にやりたいことが浮かびあがることがあります。

この質問に対する答えが、「誰に認められなくてもやり続けたいこと」なら、それが「自分のゴール」である可能性が高いでしょう。

逆に、「それでも今と同じ目標を目指すだろうか？」と考えたときに違和感を感じるなら、何かしらの他人軸がまじっているのかもしれません。

本当に「自分のゴール」を見つけるためには、「なぜそれを目指したいのか？」を繰り返し自分に問いかけます。

その答えが純粋な欲求からくるものなのか、それとも不安や承認欲求に基づいているものなのかを見極めることが大切です。

図09 自分軸のゴールであるかを見極めるポイント

▶他人軸のゴールの3つのサイン

① 設定の理由や背景に
「○○しなければならない」
「○○であるべきだ」
というフレーズが入っている

- (親が今まで私の教育に投資してくれたので)良い大学に入らなければならない
- (成功している経営者なら)会社の売上は○○億円はあるべきだ

② **相対的なゴール**
を掲げている

- 同期の中で一番出世したい
- オリンピックで金メダルを取りたい

③ **「自慢したい」**
「認められたい」
という動機で
設定されている

- 年収1億円稼ぎたい
- 有名になりたい

▶自分軸のゴールを見つける問いかけ

**「もし突然、一生働かなくても暮らせるほどの
お金と名声を手にしたとしたら、
自分は何をするだろうか?」**

♠ゴールが思いつかない場合は？

ここまでゴール設定についていろいろと説明してきましたが、「ゴールと言われても……思いつかない」という人もいると思います。

世の中には、本の中であれ、教育現場であれ、「崇高な、高いゴールを目指すべき」というメッセージがあるものが多いように思います。

もちろん、高いゴールを目指すことのメリットはありますが、**それはあくまでも自分が目指したいゴールであった場合です。**

どんなに高いゴールであっても「他人軸」のゴールである場合は意味がありません。

これまで何度もお伝えしてきたように、ゴールというものは、自分が本当にやりたいことを基準に考える必要があります。それが伴わないゴールには、そもそも意味がないのです。

とはいえ、「ゴールがまったくない状態でいいのだろうか？」と不安を感じる人もいるかもしれません。

「誰にでも立派な目標の一つや二つはあるべきだ」「ゴールのない自分は恥ずかしい」と思い悩むこともあるでしょう。

しかし、**そうした状況で無理にゴールを設定するのは、かえって危険です。**

なぜなら、そのようなプレッシャーの中で生まれたゴールは、いわば「ゴールのためのゴール」になりがちだからです。つまり、他人軸のゴールになってしまうということです。そして、それはかえってストレスや自己否定を引き起こす原因になりえます。

目標というものは、社会的な評価や他人の目を意識して作るものではありません。それは、あくまで**自分の内側から自然に湧き出てくるものでなければならない**のです。

ゴールが思いつかない人にとって、ここで重要なのは、**「現状の自分に満足しているかどうか」**という問いかけです。

たとえ日々が平凡であったとしても、現状に満足し、幸せを感じているのであれば、無理にゴールを設定する必要はありません。

ただし、もし「自分の実力をもっと発揮したい」「最高のパフォーマンスをしたい」「現状を変えたい」と感じているのであれば、ぜひ自分の内側から湧きあがるゴールを見つけてください。

正しいゴールを設定することで、RASの焦点が変わります。そうするとゴールにとって必要な情報が自然と入ってくるようになり、行動の変化につながっていきます。

♠第2章のまとめ

第2章では、脳内にあるRAS（網様体賦活系）の仕組みを通じて、ゴール設定がいかに重要であるかをお伝えしました。

特に、自分軸に基づいたゴールを見つけることが、充実感を得たり、パフォーマンスを向上させたりするうえで大切であることを解説しました。また、そのゴールが本当に自分軸に沿ったものかを見極める方法についても触れました。

しかし、正しいゴールを設定したとしても、「思うように進まない」「(ゴールが)わかっているのにできない」といった壁に直面することは珍しくありません。

次の章では、こうした壁をどのように乗り越えていくのか、その具体的な方法について詳しく解説していきます。

第3章

最新心理療法で「わかっていても、できない」を克服する

♠「わかっていても、できない」を根本解決するMET療法

第2章では、自分のポテンシャルを最大限発揮するために重要な「ゴール設定」についてお伝えしました。

しかし、ゴールを正しく設定しても、その通りに実行できないということが多くあります。

まさに「(ゴールや目的が) わかっていても、できない」という状態です。

そんなときはどうすればいいのでしょうか?

この章ではそれを根本解決するための心理療法を紹介していきます。

それが、私がメンタルコーチとして活動する際に取り入れている「MET療法」です。

ＭＥＴ療法は、簡単に言うと、

「タッピング」と「ゲシュタルト療法」を融合し、進化させた心理療法

です。

一つひとつ説明していきましょう。

タッピングとゲシュタルト療法

まず、「タッピング」とは、自分の指先で体の一部をトントンと押して刺激することです。このタッピングは、第1章でお話しした扁桃体に乗っ取られている状態において、扁桃体の過剰な介入を抑えるツールです。

これは、東洋医学の「経絡《けいらく》」、いわゆるツボが発祥となっています。

続いて「ゲシュタルト療法」とは、心理療法の一つで、ドイツ系ユダヤ人のフレデリック・パールズと、妻のローラ・パールズによって作られたものです。

ゲシュタルト療法は、「逃避行動の原因となる感情を探し、それを解放する」ことを目的とした心理療法です。

この療法は、理論や分析よりも実際の体験を重視し、過去や未来ではなく「今ここ」に焦点を当てることが特徴として挙げられます。

「ゲシュタルト」という言葉は「ゲシュタルト崩壊」などの用語として日本でも知られているのでご存じの人もいるのではないでしょうか。

もともとはドイツ語で「かたち」「形態」を意味しています。「まとまった一つのかたち」「全体性」を意味することもあります。

ゲシュタルト療法では、**「感じるべき感情が抑圧されていることで逃避行動が生まれている」**との考えに基づき、本来持っている感情を解放することを目指します。

MET療法が革新的な理由

しかし、ここで問題となるのが、扁桃体の介入です。

ゲシュタルト療法単体では、**扁桃体が過剰に反応し脳全体が乗っ取られている場合、感情にアクセスすること自体が難しい**という限界があります。

ここは少しややこしいので、もう少し説明しましょう。

例えば、強いトラウマを抱えた人の場合です。

無意識にその人は、つらい感情を封じ込めてしまっているために、ただ本来持っている感情を「感じてみてください」と言われてもできません。

しかし、感情を感じることは、そのつらさや悲しみを受け入れていくためにとても大切なことです。例えば、悲しいときに思いっきり悲しむことで、感情が解放され、少しずつその出来事を現実として受けとめられるようになります。

ここで、「感じる」のを阻害するのが、扁桃体の働きです。

第1章で、「情動が理性を支配する」仕組みについて説明したのを思い出してください。強い刺激によって、脳が扁桃体に乗っ取られると、体は理性では動けなくなってしまう、と言いました。

トラウマになるような経験をした人は、「つらい」「苦しい」という思いを感じたくないために、その感情ごと封じ込めてしまっています。

そのため、いくら理性的に、論理的に「つらい思い、苦しい思いを感じてください」といっても、思い出そうとするだけで扁桃体が働いて、感情を封じ込めてしまい、感じられないといったことが起きます。

つまり、扁桃体の働きにより、その感情を感じることができないのです。

ここでタッピングの役割が重要になります。

タッピングは、扁桃体の過剰な反応を鎮め、感情へのアクセスを可能にするものです。

ゲシュタルト療法は、先ほども言いましたが、「逃避行動の原因となる感情を探し、それを解放する」ことで、逃避行動を根本から解消しようとするものです。

したがって「感情へのアクセスを可能にするタッピング」と組み合わせることで、従来の心理療法では到達できなかった領域まで踏み込むことが可能になったのです。

だからこそ、「ゲシュタルト療法＋タッピング」であるＭＥＴ療法が画期的と言えるのです。

また、多くの心理療法は、理解や分析を重視する傾向があります。これは前頭前野、理性に関わる分野です。

しかし、本書の中でも繰り返し述べてきたように、頭による理解だけでは問題の逃避行動は解決されません。逃避行動には、扁桃体の存在が深く関わっているからです。

ＭＥＴ療法は、その扁桃体の過剰な介入を抑えながら、感情にアクセスし、解放することができるため、これまで理性だけでは解決できなかった問題にも効果を発揮します。

例えば、

- 「面接やプレゼンの前に緊張しすぎて、実力が発揮できない。本番では落ち着いてやるべきだとわかっているのに、緊張で頭が真っ白になってしまう」

といったように、理性より感情が優位になり、コントロールできなくなってしまう場面や

- 「試合で勝つためには体調を整えたり練習したりするべきだとわかっているのに、なぜか練習をサボって暴飲暴食をしてしまう」

といった、無意識に起こる逃避行動にもアプローチすることが可能です。

これまでの心理療法では届かなかった領域に働きかけることで、問題の根本的な解決を目指すことができるのがＭＥＴ療法なのです。

タッピングで水恐怖症が克服された

タッピングによるツボの刺激が扁桃体の働きを抑え感情のリリースに有効であるという研究は、90年代から盛んになりました。

図10 MET療法の説明と効果

▶MET療法とは？

「タッピング」と「ゲシュタルト療法」を融合し、進化させた心理療法

タッピング		ゲシュタルト療法
指先で体の一部をトントンと刺激 ↓ 扁桃体の過剰な介入を抑え感情を感じることを可能にする	×	逃避の原因となる感情を探しそれを解放する療法 ↓ 感情を解放し向き合うことで逃避行動を解消させる

▶MET療法が革新的な理由

従来の心理療法		MET療法の解決策
● 扁桃体が過剰に反応している場合感情にアクセスすること自体が難しい ● 「理解」だけで逃避行動自体は解決されない	→	● タッピングで扁桃体の過剰反応を鎮め感情へのアクセスが可能になる ● 感情レベルで根本から問題解決できる

MET療法はこれまでの心理療法では
届かなかった領域にアプローチし、
問題（逃避行動）を根本的に解決する

最初期の有名な事例は、「水恐怖症の克服のための実験」です。


水が怖くプールや浴槽に近づくこともできないクライアントがいます。

そのクライアントに対し、タッピングで体のツボを刺激しながら、

「その恐怖がどんなものなのか」

「何を感じるのか」


自身の感情を話し続けてもらったところ、やがて恐怖自体がなくなることがわかったのです。


水恐怖症の場合なら、水に近づくことを想像するだけで扁桃体のスイッチが入ってしまうことになります。

スイッチが入った扁桃体は、アドレナリンを急激に放出して心身を緊張させます。

この時点で、前頭前野などは機能を低下させてしまい、「論理ではわかっていることで

もできなくなる」のです。

タッピングによるツボへの刺激は、この扁桃体の動き、つまりいったん入ってしまった情動のスイッチを切り、和らげる役目を果たすのです。

その後、水恐怖症の要因となった恐怖の感情と向き合えるようになるわけです。

タッピングの効果については、すでに臨床的に多くの結果が示されています。

２０１２年にドーソン・チャーチ博士とそのチームが実施した研究では、タッピングがコルチゾール（主要なストレスホルモン）のレベルを24％減少させ、従来の対話療法の効果を上回ることを明らかにしています。

さらに、この研究をもとに、２０２０年にペータ・ステープルトン博士が主導した研究では、これらの結果を再現、さらに拡張することで、わずか1時間のタッピングで43％ものコルチゾールレベルの低下を示しました。

つまり、タッピングは急速かつ明らかにストレスを軽減する効果を持っていることになります。

また、コルチゾール以外にも、「安静時心拍数」や「血圧の低下」など、タッピングが他の生理学的指標に影響を与えることが研究によって示されています。

こうして扁桃体の働きが弱まり、恐怖が緩和され、前頭前野の働きが回復すれば、自分自身の感情に向き合えるようになり、逃避行動自体がなくなります。

心理療法の現場にタッピングというツールが持ち込まれ、この30年ほど、アメリカやヨーロッパで併用されはじめて現在に至ります。

図11 タッピングの効果

▶タッピングで水恐怖症が克服された例

タッピング前：水恐怖症

- 扁桃体の
  過剰反応が起こっている
- 理性ではコントロール
  できない状態

↓

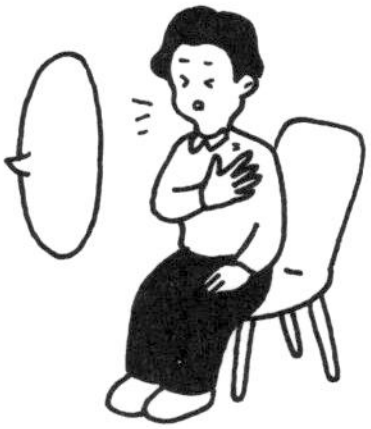

タッピングの過程

その恐怖を感じてください

- 扁桃体のスイッチを切り恐怖の
  感情に向き合える状態に
- 感じているうちに恐怖が
  軽減されていく

↓

タッピング後：恐怖の解消

- 水に対する必要以上の恐怖が
  なくなる

♠ＭＥＴ療法の効果

それではＭＥＴ療法が具体的にどのように効果を発揮するのかについて、わかりやすい例として、第1章でもお話しした「夫を亡くした妻の話」でお伝えしましょう。

彼女は夫を失ったショックから逃れるため、夫がまだ生きているかのように振る舞い続けていました。夫の分の食事を準備し、普段通りの生活を維持することで、夫の死という過酷な現実と向き合わずにすむようにしていたのです。

おそらく、「もっと泣いたり、悲しんだりすれば、いずれは夫の死を受け入れられるのでは？」と感じた人もいるかもしれません。たしかに、人はしっかりと悲しみやつらさと向き合うことで、最終的にその現実を受け入れることができるものです。

しかし、この妻の場合問題は彼女の悲しみがあまりにも大きいため、扁桃体が過剰に反応し、それを感じることすらできなくなっていることです。これがゲシュタルト療法における「抑圧された感情」です。

「旦那さんは亡くなったんです」と伝えられたとしても、そのたびに扁桃体が作動し、感情をブロックしてしまいます。

感情が抑え込まれ、ブロックされている状態では、ゲシュタルト療法が目指す「感情を受け入れ、解放する」というプロセスを進めることができません。

そこで登場するのが「タッピング」です。

タッピングは、ツボを刺激することで、扁桃体の過剰な介入を抑え、感情へのアクセスを可能にします。扁桃体優位から理性を取り戻すためのスイッチのようなものです。

ですので、彼女には、このタッピングをしてもらいます。

そうすると、これまでブロックされていた感情に少しずつ触れられるようになります。「私は本当はこんなにも悲しかったんだ」と自分の感情に気づく瞬間が訪れます。ときには、自然と涙がこぼれることもあります。

こうして、長い間抑え込んでいた感情をしっかりと感じることで、感情が徐々に解放されていきます。そして最終的には、「夫の死」という現実を受け入れることができるようになるのです。

その結果、これまで感情を避けるためにとっていた逃避行動は、もはや必要なくなり、自然と解消されていきます。

このように、タッピングによって抑え込まれていた感情を感じられるようになり、さらにゲシュタルト療法の考え方に基づいてその感情をしっかりと受けとめることで、感情が解放されていきます。その結果として問題の根底にある逃避行動が自然と消えていくのです。

これが、ＭＥＴ療法の一連のプロセスです。

♠タッピングの基本的な流れ

このように、扁桃体の介入を抑え、逃避行動の原因となる感情にアクセスし解放すれば、逃避行動がなくなる、という事実をお伝えしてきました。

そして、それを可能とする鍵となるツールが「タッピング」ということです。

ここではタッピングの基本的な方法と効果について概要をお伝えします。より具体的な実践方法や感情の扱い方については、第4章で詳しく解説します。

タッピングとは、東洋医学の経絡、俗に言う「ツボ」を、クライアント自身が自分の指で刺激することです。具体的には、指先で軽くトントンと叩く（タップする）ことで、扁桃体の過剰反応を抑えます。

ツボは全身にたくさんあることが知られていますが、メインとして頻繁に使われるのは、鎖骨の下にあるくぼみです。左右はどちらでもかまいません。MET療法ではクライアントに両方刺激してもらい、よりやりやすいほうで継続してもらうようにしています。

鎖骨下以外にも、タッピングに適しているツボはいくつか存在します。

代表的なのは次の箇所です。

タッピングに適した箇所

①眉毛の付け根
②目の横
③鼻の下
④鎖骨下
⑤親指の爪の付け根
⑥人さし指の爪の付け根
⑦薬指と小指の間

図12 タッピングに適した箇所

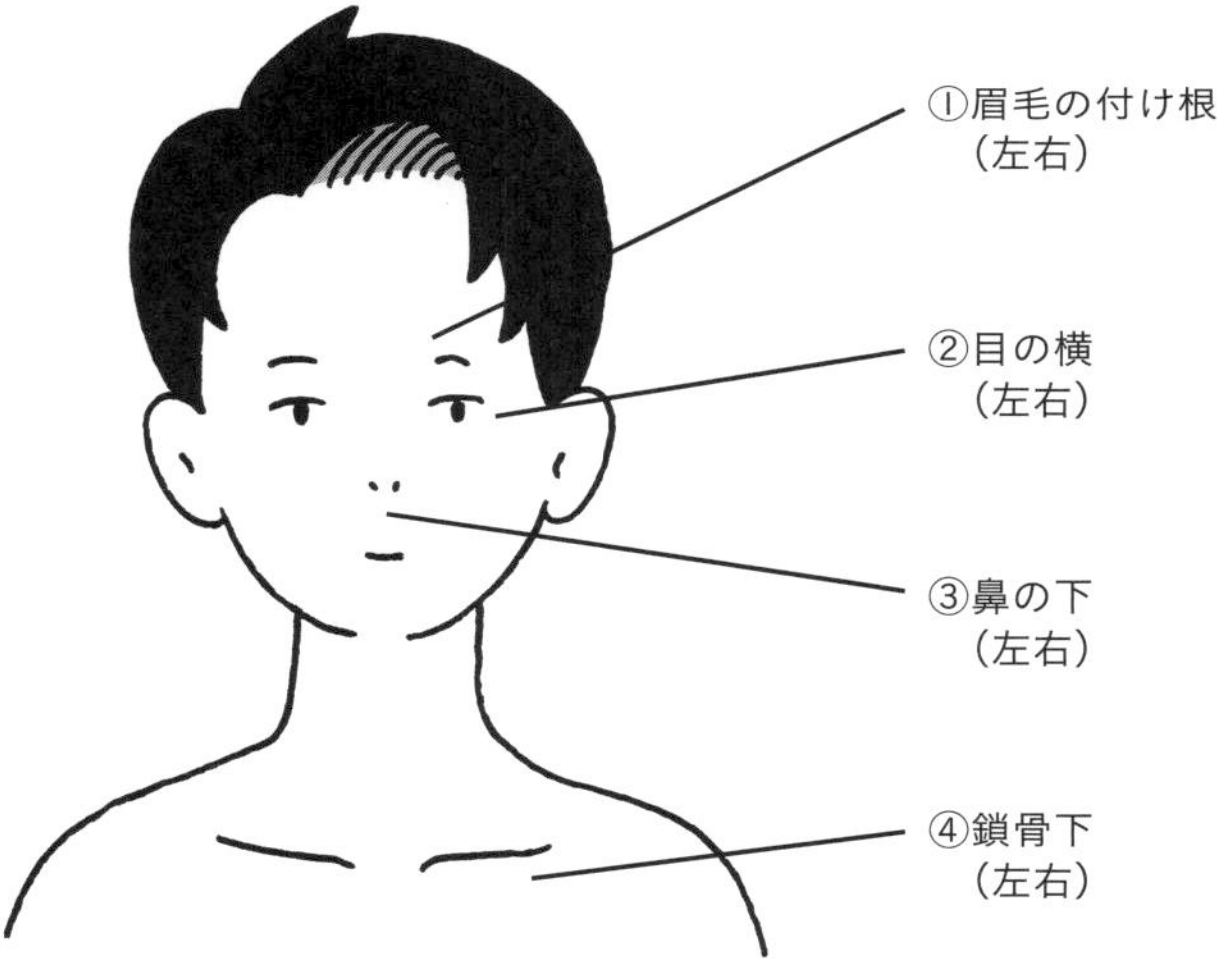

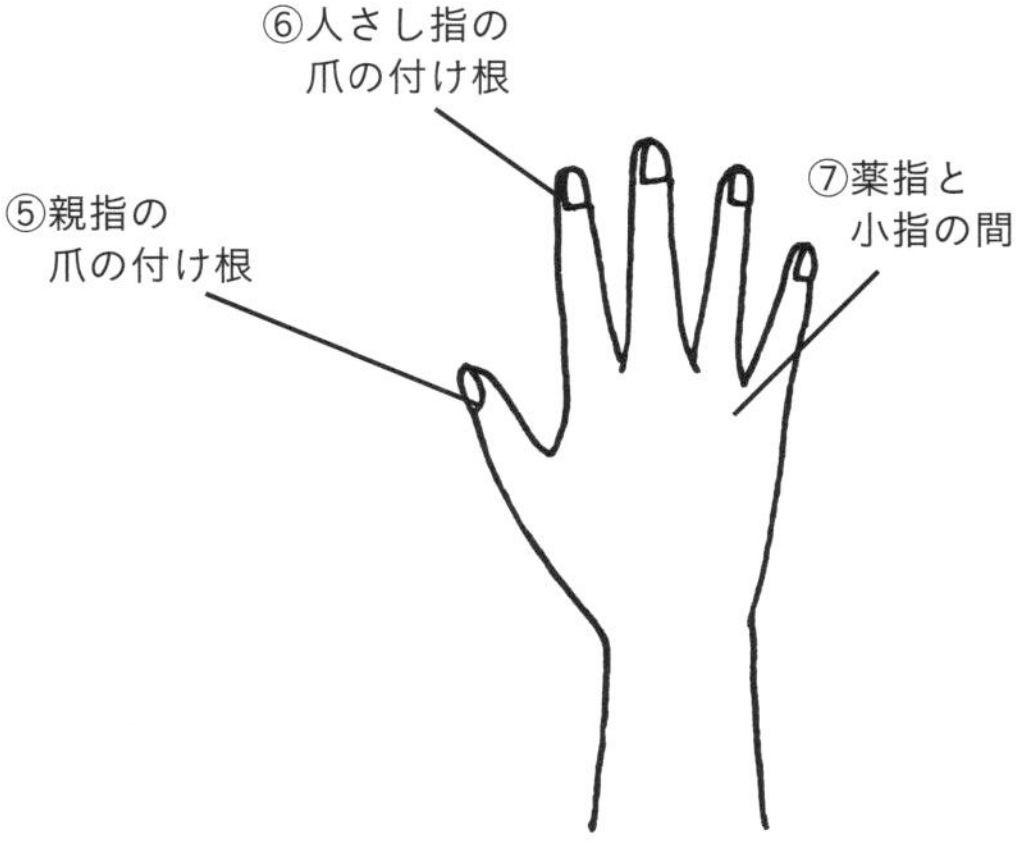

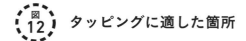

これらの中から、自分がタッピングしやすい箇所を選んで行えばOKです。

111ページに主なポイントを図示しました。

MET療法では主に鎖骨下のツボを人さし指と親指で刺激します。ただ、臨床的にはどのツボを使ってもあまり効果に差がないことがわかってきています。そのため、人目がある場所では、片手で親指の爪の付け根や手の甲にあるツボを押すのも効果的で、おすすめです。

タッピングと感情解放の基本

MET療法におけるタッピングは、感情を「感じる」ことで効果を発揮します。

タッピングをしながら感情を体験することで、扁桃体の過剰反応を抑えられ、感情が解放されていくのです。

MET療法におけるタッピングの基本的な流れは、ごくシンプルに言うと、

①向き合いたい感情を観察する
②自分の今の感情を吐き出しながらタッピングを行う
③出てくる感情を感じながらタッピングを続ける

ということになります。

感情を出すときの方法

タッピングを行う際には、まず自分が感じている感情を口に出してみることが基本的な方法です。

例えば、「なんで私はこんなにダメなんだろう」とか「もう嫌だ！」といった、自分の心に浮かんでいる言葉をそのまま声に出してみてください。

ただし、感情が表面化されていない場合や、自分でもどんな感情を抱えているのか自覚できていないときもあります。無意識のうちに感情を抑え込んでしまい、うまく言葉が出てこないこともあるかもしれません。

そのようなときは、無理に口に出そうとしなくても大丈夫です。まずは身体で感情を表現したり、紙に書き出したりする方法を試してみてください。こうしたアプローチをとることで、抑えていた感情に意識が向きやすくなり、結果として解放が進みやすくなります。

そもそも、これらの方法はあくまで感情解放のための手段にすぎません。状況や自分の状態に応じて、無理のない方法を選んでいければそれで十分です。

例えば、人目がある職場や公共の場などでは、声を出したり、文字に書き出したりするのが難しい場合もあります。そのようなときは、感情を意識しながらタッピングを行うだけでも効果があります。

最も大切なのは、感情を表に出すことそのものではなく、「しっかり感じ、解放すること」です。たとえ声に出せなくても、書き出せなくても、自分の感情を抑え込まずに感じることができれば、それだけで十分にタッピングの効果を引き出せるのです。

5分でもいい、感情を感じきる時間を作る

タッピングを行う時間は、5分でもかまいません。

できればまとまった時間がとれるのが望ましいですが、たった5分でも感情を感じきることで、大きな変化を感じられることがあります。

例えば、仕事のミスを引きずって仕事に手がつかないとき、「落ち込んでいる場合ではない」「早く仕事に集中しなきゃ……」とあせってしまうと思います。

しかし、そのまま無理に作業を続けるより、一度立ち止まり、5分だけでも感情を整理する時間を持つことで、その後の作業に落ち着いて取り組めるようになり、結果的に仕事の効率も上がります。

社会的な評価や表現は気にしない

タッピング中に湧いてくる感情や言葉が、「社会的にダメだと思われるもの」や「口が悪いもの」であっても、それを気にする必要はありません。

例えば、誰かに対して怒りの感情を抱いたとします。その怒りの理由が合理的でなくても、あるいは理由すらわからなくても、その怒りの感情を否定しないでください。

「あんな上司なんかサイテーだ！」
「いっつもまわりが悪いんだよ！」
「あいつが私のフォローしないからだ！」

こういった言葉をそのまま吐き出してもかまわないのです。

普段なら「まわりのせいにするなんて」と自分をいましめるかもしれませんが、タッピ

図13 タッピングで感情を感じる際のポイント

感情を出すときの方法

言葉に出す

身体で表現する

手紙やメモに
書き出す

人目がある場所では、
自分の中で感情を意識しながら
タッピングを行うだけでもOK

5分でもいい、感情を感じきる時間を作る

社会的な評価や表現は気にしない

大切なのは感情を
「しっかり体験し、解放すること」

ングのときは違います。感情を否定してしまうと逃避行動につながってしまうので逆効果です。仮に実際の原因が自分にあったとしても、感情を吐き出す際には、まわりのせいにしてもいいのです。

ここで重要なのが、「社会的にダメだと言われている思考や感情ほど、ためこみやすい傾向がある」ということです。

こうした感情を心の中に押し込めていると、解放が難しくなります。

だからこそ、タッピング中は感情をそのまま吐き出してください。

汚い言葉や感情的な表現であっても、それを大切にすることが感情解放の一歩です。感情を押し込めず、ありのままに味わうことが大切です。

例えば、私自身がセッションでクライアントに「もっと汚い言葉を使ってもいいですよ」と伝えることもあるくらいです。

ここで、タッピングで感情を解放する際に大事なポイントをまとめました。

・タッピングによる感情解放の基本
❶感情的になっている自分自身を決して否定しない
❷頭に浮かんでくる言葉や記憶、感情を、ありのままに受け入れる
❸感情を感じながらタッピングを続ける

感情を吐き出す際には、社会的な評価や言葉遣いを気にせず、自分の心から出てきた言葉をそのまま受け入れてください。

こうして感情を味わいつくしながらタッピングを続けていくと、しだいに感情が落ち着き、理性を取り戻すことができます。

それがタッピングの大きな効果の一つなのです。

この本を読んでいるあなたも、「わかっているのに、できない」と悩んでいるときや、感情が高ぶっているときに、ぜひタッピングを試してみてください。

ツボを押しながら感情を思いきり出し、感じ尽くすことで、気持ちが落ち着いていくのを実感できるはずです。

♠第3章のまとめ

この章では、「わかっていても、できない」状態を解決するためのMET療法について紹介しました。MET療法はゲシュタルト療法とタッピングを融合させた革新的なアプローチであり、次のような特徴を持っています。

- タッピングによって扁桃体の過剰反応を和らげ、避けていた感情に向き合いやすくする
- ゲシュタルト療法によって、感情を受け入れ、解放する
- 感情の解放によって理性を取り戻し、「わかっていても、できない」から脱却する

次の章では、より実践的にMET療法を活用する方法と、感情の解放を通じてビリーフを変える過程について詳しく見ていきます。

図14 タッピングによる感情解放のポイント

① 感情的になっている自分を決して否定しない

② 頭に浮かんでくる
言葉や感情を
ありのままに受け入れる

③ 感情を感じながら
タッピングをする

第4章

パフォーマンスを制限する感情を解放する

♠問題を根本解消させるゲシュタルト療法

この章では、第3章で説明した「ＭＥＴ療法」の中でもゲシュタルト療法についてもう少し詳しくお話しします。

ゲシュタルト療法の目的は「感情の解放」

ゲシュタルト療法では、前章で説明したように「感じるべき感情が抑圧されていることで逃避行動が生まれている」という考えに基づき、自分の感情をしっかり感じきり、解放することを目指します。

その結果、自分が抑圧していた感情に気づき、改善のためにとるべき行動に自然と気づくのです。

ただ、このアプローチは、一般的な精神分析や心理療法とは大きく異なる点があります。**「逃避行動の原因となっている避けたい感情を解放する」ことを主な目的にしている点**です。

一般的な精神分析や心理療法では、セラピストが**「今の状態がなぜ起きているのか」を分析し、その原因を理解すること**に重きを置きます。

しかしゲシュタルト療法では、原因を分析して理解するだけでは、クライアントの行動や心の状態は根本的には変えられないととらえるのです。

例えば、つい同僚と比べてあせったり、失敗したらどうしようと不安になって、仕事の成績が下がっているビジネスパーソンの場合です。

「まわりと比べてしまうからプレッシャーになってしまうのです。だからまわりのことは気にせず自分のことに集中しましょう」などと正論を言われても、実際にそのアドバイスを実行できないことがほとんどではないでしょうか。

こうした状況が、まさに「わかっていても、できない」状態です。

プレッシャーが原因と「わかっていても」、冷静に判断「できない」のです。

ゲシュタルト療法では、この状態に対し、「クライアントの鍵となる感情を解放していく」手法をとります。

仕事のプレッシャーによりあせったり、恐れを抱えているビジネスパーソンの場合なら、まず、その「あせり」や「恐れ」といった感情を吐き出してもらいます。

このビジネスパーソンに対して、「どのようにプレッシャーを感じているのか」「プレッシャーを感じているときは、心の中でどんなことが思い浮かぶのか」などを感じてもらう必要があるのです。

もちろん、そのときにどのような感情や言葉が浮かぶかは人によって違います。

ただ、その感情と向き合わなければ、問題は解決しないとゲシュタルト療法では考えるのです。セラピストは、その感情をただ受けとめ、寄り添います。

「人が逃避行動をとってしまうのは、感じるべき感情を感じていないから」とここまで何度か述べてきました。

プレッシャーを感じている、その感情に向き合い、感じきらないと、問題は解決しないのです。

ゲシュタルト療法は、基本的にクライアント自身が、現在の問題のもととなっている感情を見つけ、吐き出して解放することをうながしていきます。

感情を吐き出し、自分を解放した結果、問題が問題ではなくなっていくのです。

したがってゲシュタルト療法の場合、セラピストは、クライアントの感情や思い、価値観を、勝手に「良い」「悪い」とジャッジしたりしません。

また、「こうしましょう」と結論を導くことも基本的にはしません。

クライアントが、心の中にため込んだ感情や価値観を吐き出し、解放して、その結果、自分の中の不必要なこだわりや、苦しめているものが自然となくなるという療法なのです。

もう少しわかりやすく、第1章や第3章でもお話しした「夫を亡くした妻の話」を例にお伝えしましょう。

この妻は、最初は夫の死を受け入れられずにいました。夫の死からくる大きな「悲しみ（感情）」を避けたいがために、夫が生きていたときのように「ごはんを作り続ける」という逃避行動をとっていた状態です。

セラピーが進む中で、彼女は徐々に夫の死を認識し始めますが、次のような状態になります。

- 「私を置いて死んでしまうなんて」と怒りを感じる
- 「もういないものはしょうがない」と諦め、感情にフタをする

しかし、セラピストとの対話を続けるうちに、彼女は「ああ、私は、本当は悲しかったのだ」と気づきます。

そして、その悲しみを吐き出し、感じきることで、悲しみを解放することができました。この瞬間が、夫の死を受け入れられた瞬間です。

悲しみを解放した彼女は、夫がいなくなった現実を自然と受けとめられるようになり、逃避していたつらさや深い悲しみの感情も、心の中にその存在は残るものの、扁桃体が誤作動を起こすほどの強い衝撃ではなくなり、過去の出来事として穏やかに整理されていきます。

この結果、彼女が無意識にとっていた「ごはんを作り続ける」という逃避行動も必要なくなるのです。

ゲシュタルト療法の目的は、「感情を吐き出し、解放すること」にあります。

悲しみや怒りといった避けたい感情を感じきって解放することで、人は自然と執着や苦しみを手放すことができ、結果として問題そのものが解消されていきます。

そうすることで、自分が本来進みたい方向へと自然と進んでいけるようになるのです。

図15 感情を解放し問題を根本解決させるゲシュタルト療法

ゲシュタルト療法の目的

感情を解放することで自然と執着や苦しみを手放す
→問題そのものが解消される

問題の根本は「わかっていても、できない」状態

頭では「わかっている」
プレッシャーが原因だとわかっている

でも感情に支配されて「できない」
冷静に判断できない

逃避行動

夫がいるように
ごはんを
作り続ける

感情からの
逃避・抑圧

→

感情の認識

「こんなに
悲しかったんだ」

感情の
受容

→

根本的な問題解決

- 悲しみを感じきる
- 夫の死を受け入れる
- 逃避行動が必要なくなる

感情の
開放

♠ 感情を解放する方法

そうはいっても、感情を解放するとはどのようなものなのか、なかなか想像できない人も多いかもしれませんね。

ここではまず、私が実際に「ゲシュタルト療法」をセラピストとして行うケースを例としてお話ししていきましょう。

私がセラピストであり、クライアントと対話をしながら進めます。

仕事に没頭しすぎるケース

クライアントは、一流企業に勤め、仕事に熱心すぎるところがあり、家庭や健康を極度に犠牲にしてでも働いてしまうワーカーホリック気味のビジネスパーソンです。

このクライアントは、仕事に没頭しすぎるあまり、家族やプライベートをないがしろにしてしまい、家族との衝突が起きていました。

そのうえ、睡眠時間を削り、健康も害してしまっている状況です。

このような状況では、「仕事への過剰な集中」が「逃避行動」である可能性が考えられました。

・セッションの進め方

セッションでは、まずクライアントに現在の問題について話してもらいます。その際、「どのような感情が湧きあがるのか」を意識してもらいながら話を進めていきます。

【セッション中の会話例】

セラピスト　「最近の生活で特に気になることやストレスを感じる瞬間について教えていただけますか？」

クライアント　「そうですね……。仕事が終わらなくて、家族と過ごす時間がほとんどとれません。寝る前もメールをチェックしてしまい、寝れなくなったり」

セラピスト「わかりました。あなたが今やるべきことは何だと認識していますか？」

クライアント「休むことがベストだとわかっているのですが……」

セラピスト「そうですね。では、実際に休んでみることを想像してみましょう。休むことを考えると、なにか感情が湧いてきますか？」

クライアント「……恐怖ですね。もし仕事を休んだら、まわりから怠け者だと思われるんじゃないかって」

セラピスト「では、その恐怖を感じてみましょう」

感情を解放していく

セッションを進めていくうちに、次のような感情が浮かび上がってきました。

- 今のような状態に陥っていることへの悲しみ
- 仕事をないがしろにする恐怖

これらの感情にしっかり浸ってもらうことで、感情を「解放」する効果が期待できます。クライアントによっては、これだけで恐怖や悲しみが和らぎ、物事を客観的に見ることができるようになります。

その結果、「現在の行動がむしろ仕事の質を低下させている」と理解し、行動を変えること（例えば、しっかり睡眠をとること）が可能になります。

感情の層を深掘りする

しかし、たいていのクライアントの場合、そう簡単には進みません。

このケースでは、最初に「悲しみ」が表面化し、それを解放させた後、次に「私は休んではいけない」というあせりの感情が現れました。

セラピスト　「今その悲しみはどう感じていますか？」
クライアント「少し和らいできました。でも……『休むなんてダメだ』という声が頭の中で響いています」

セラピスト　「その声についてもう少し詳しく教えてください」

このように「休んではいけない」というあせりの感情が浮かび上がってくるのです。

さらに、そのあせりを感じていくと、今度は「無理にでも仕事をしなければ」という無力感が浮かび上がりました。

このように、**感情には「層」があり、ゲシュタルト療法による感情の解放は1回では終わらず、次々と感情が現れるケースが多いです。**

無力感を感じないために「あせりの層」を作り、またさらにあせりから逃避するために悲しみに「逃げる」というメカニズムのため、このような構造になります。

セラピストは、質問をしつつ、層を一つひとつ明らかにしながら、クライアントがさらに奥の感情に向き合えるようにサポートしていきます。

玉ねぎの皮をむくような感じと言えばいいでしょうか。

感情を深掘りしていくと、このケースでは、「他人に怠け者と思われる恐怖」の奥に「休んではいけない」というあせりや「無理にでも仕事をしなければいけないという悲壮感といった感情がありました。その感情を手放すことができれば、「仕事への過剰な集中」という逃避行動は必要なくなります。

その結果、クライアントは休むことに専念できるようになり、より健康的で生産的な生活を送れるようになるのです。

このように、クライアントは**自分の奥深くの感情に向き合い、その層を一つずつ解放していく過程をとります。その過程で、クライアントは自身の感情を理解し、より適切な対処法を身につけることができるのです。**

ここまでお話ししたのは、セラピストがいる場合の進め方です。

しかし、本書を読まれている読者の方には、セラピストの存在はありません。一人で実践することになるので、その場合の進め方についてお話ししていきたいと思います。

また、第3章でも紹介した、ＭＥＴ療法に欠かせないタッピングとの組み合わせも合わせて説明していきます。

♠自分で対処する方法

1.「わかっていても、できない」状況を思い出し、そのときの感情を観察する

ここでは、「仕事のミスを引きずって手につかない人」の例で話していきましょう。

まずは、「早く仕事しなければいけないのに、仕事のミスを引きずってしまって手につかない」という場面を思い出していきます。そのとき、自分の中でどんな感情が湧きあがってきたのかをじっくり観察してみます。やがて、そのときに感じていた感情が出てくるはずです。

あせりや恐怖、自分を責めるイライラした気持ち。

さらには、「やばい！　仕事が終わらない」「これができないと上司に怒られる」「またダメなやつ扱いをされる」「なんで自分はこんなにダメなんだ」といったフレーズが頭に浮かんでくるかもしれません。

感情の現れ方はそのときどきの状況によります。このケースでは、最初は軽いあせりやソワソワした感覚かもしれません。

ただし、すでに強いいらだちやパニック状態に陥っているときもあると思います。そのような感情が高ぶった瞬間であっても、「タッピング」を取り入れることで心を素早く落ち着かせ、冷静さを取り戻すことが可能です。むしろ、感情が激しいときこそタッピングは効果的です。

2．タッピングを行いながら感情をしっかり感じきり、理性を取り戻す

タッピングを行いながら、出てきた感情をしっかり感じていきます。

どんなに恥ずかしい感情や、「おかしい」と思われそうな感情でも、それを否定せずに

そのまま受け入れてみてください。このステップを飛ばしてしまうと、感情を解放することができません。

「自分はどんな感情を抱えていたのか？」という問いを自分自身に投げかけてみてください。例えば、「私はこんなにも『クビになるのが怖い』『無能だと思われたくない』と感じていたんだ！」と気づくことが重要です。

このケースでは、自分が囚われている感情は「上司に反抗してクビになったら人生終わりだ」という恐怖です。

この恐怖が、大きなストレスになって、扁桃体を過剰に反応させているのです。そして恐怖を感じたくないあまり逃避行動に走ってしまっているのです。

この「恐怖」という感情に気づいたら、その感情を感じきるまでタッピングを続けます。

ここで、タッピングを続けていくと二つの状態のどちらかになります。

A　一つの感情が引いた後、別の感情が湧いてくる
B　感情が落ち着き、理性を取り戻してくる

Aについてですが、前項でもお話しした通り、感情は層になっていることがあります。最初の感情を解消すると、その下に隠れていた別の感情が湧きあがる場合があります。例えば、自己否定の感情が引いた後、今度は上司に対する怒りの感情が湧いてきたなどです。この場合、次に湧いてきた感情についても同じようにタッピングを行い、感じきることを繰り返してください。

Bはその先です。タッピングによって扁桃体の働きを抑えながら、感情が落ち着いてくると、前頭前野が再び正常に働き始めます。つまり、理性を取り戻し、冷静な判断ができるようになるのです。

このケースでは、「上司に反抗してクビになったら人生終わりだ」という恐怖があります。

そして怖さを感じるのを避けるために、「上司には絶対に逆らわない」「ひどい扱いをされても我慢する」といった逃避行動を生み出していました。

しかし、「怖さ」という感情に、向き合い、感じきり、落ち着いて受け入れると、しだいに「それは違うんじゃないか」「上司に否定されても人生は終わらない」「ここまでひどい仕打ちを受けるなら転職を考えればいい」といった建設的な考えが浮かんでくるようになります。

これを「客観的に物事が見えるようになる」と表現してもいいでしょう。

3．その感情を生み出している「ビリーフ」を振り返る

ここでもう一つ大事なポイントがあります。

それは「ビリーフ」の存在です。

第1章でもお伝えしたように、私たちが避けたいと感じる感情は、心の中にあるビリーフによって生み出されることがあります。

例えば「仕事のミスを引きずってしまう人」は、自分の中に次のような価値観や思い込み、ビリーフを持っていることが多いのです。

- 仕事ができない自分には価値がない
- クビになったら人生終わってしまう

こうした強迫観念のような偏った思い込みが、強い恐怖心を生み出します。そして、その恐怖から逃れるために逃避行動をとらせているのです。

しかし、タッピングを通じて恐怖と向き合い、解放していくことで、「そんなに思いつめる必要はないかもしれない」と考えられるようになっていきます。その結果、無意識のうちに行っていた逃避行動を手放すことが可能になるのです。

だからこそ、「怖い」という感情を生み出しているビリーフに気づき、それを振り返ることが重要なのです。

そもそも上司の存在がストレスになっている場合、解決策としては次の二つが考えられます。

①割りきって淡々と仕事を続ける
②仕事を辞める

どちらが適切かは今の仕事が自分の目標にとってどれだけ重要かによって変わります。自分の目標にとって今の仕事を続けることがベストであれば、①の方法、上司の存在を「気にしない」と割りきるのも一つの方法です。たとえ無理難題を押しつけられても「できるかぎりやってみます」と答え、無理せず淡々と仕事に取り組んでいけばいいのです。

一方で、上司との関係性が改善する見込みがなく、建設的に仕事を進めることが難しい場合は、②の「仕事を辞める」も有効な選択肢です。「世の中には他にも仕事がある」「自分を追いつめる上司がいるような環境にいる必要はない」と考えることができます。

冷静になって考えるとさまざまな建設的な選択肢が浮かぶはずです。

それにもかかわらず、「怖い」「どうしよう」といった感情に支配されてしまい、ミスを連発して怒られる――という悪循環に陥ってしまうのは、自分の中に「仕事ができない自分には価値がない」「クビになったら人生が終わる」といった極端なビリーフがあるからなのです。

このビリーフはたいてい無意識に持ってしまいます。

しかし感情に向き合っていくと、自分の頭の中に響く声や、思わず口から出てくるフレーズとして浮かび上がってくるパターンが多いです。

例えば、「自分は本当にダメだ」「クビになってしまう！　人生終わった！」といった言葉が、頭の中で繰り返されることがあるかもしれません。

ただし、扁桃体が過剰に反応している状態では、「情動（扁桃体）が理性を支配する」ため、こうした声やビリーフに冷静に向き合うことが難しくなります。

ここでタッピングが役立ちます。タッピングを行うことで、扁桃体の過剰な働きを抑え、理性を取り戻すことができます。

そうすると、ビリーフと冷静に向き合い、「これはただの思い込みだ」と気づき、それを手放すことができるようになるのです。

このプロセスを通じて、「やらなければいけない仕事があるのに手につかない」「仕事のミスを引きずって実力を発揮できない」といった状態から抜け出すことが可能になります。

「わかっていても、できない」ときの対処法まとめ

これまで説明した流れを簡潔にまとめると、次のようになります。

❶「わかっていても、できない」と悩んでいる状況を思い出す
❷その状況で湧いてくる感情を観察する
❸感情が高ぶったらタッピングを行い、その感情をしっかり感じきる
（別の感情が湧いてきたら、その感情についても同じようにタッピングを続ける）
❹感情が落ち着いてきたら、理性を取り戻し、冷静な解決策が浮かんでくる
❺感情を生み出しているビリーフ（価値観・信念）を振り返る
❻そのビリーフを持ち続ける必要があるかどうかを考え、不要であれば手放す

このプロセスを行うことで「わかっていても、できない」という状態から抜け出し、理性的で建設的な行動をとれるようになるのです。

図16 「わかっていても、できない」への対処法

ステップ1：状況を思い出し、感情を観察する

- 「わかっていても、できない」
  状況を具体的に思い出す
- そのとき湧きあがる感情
  （あせり・恐怖・イライラなど）を観察する
- 頭の中に浮かぶ言葉やフレーズに注目する

↓

ステップ2：タッピングを行い感情を感じきる

- タッピングをしながら感情を感じる
- どんな感情も否定せずに受け入れる
- 別の感情が湧いてきたら、
  その感情にもタッピングを行う
- 感情が落ち着くと理性が戻ってきて、
  客観的で建設的な視点が生まれてくる

↓

ステップ3：感情を生み出している「ビリーフ」を振り返る

- 感情の根底にある価値観や
  信念（ビリーフ）を振り返る
  例：「仕事ができない自分には価値がない」
  「クビになったら人生が終わりだ」
- ビリーフを見直し、不要な場合は手放す

↓

「わかっていても、できない」状態から抜け出す

♠ビリーフを見直す

ここで、あらためて、読者のみなさんには「自分がどのようなビリーフを持っているのか」を振り返ることの重要性をお伝えしたいと思います。

第2章では、「正しいゴール設定」について解説しました。しかし、実際にゴールを設定しても、うまくいかないことが多いのです。

それはなぜでしょうか？

その最大の理由の一つが、**「無意識のビリーフ」**の存在です。

例えば、前章で紹介したビジネスパーソンの例のように、「仕事ができない自分には価値がない」というビリーフを持っているとしましょう。

このようなビリーフこそが、本来のゴールに向かううえでの障害になっていることが非常に多いのです。

ゴールに沿ったビリーフが大事

なぜ、ビリーフがゴールの障害になるのでしょうか？

それは、**ビリーフが無意識のゴールとして働く**からです。

これは、第2章で説明した「脳の無意識のゴールは現状維持」とも似た仕組みです。たとえ「こうしたい」とゴールを意識的に設定しても、ビリーフがあると、無意識のうちにそれに引っ張られてしまうのです。


具体的に考えてみましょう。

例えば、「上司のことを気にせず仕事をしよう」と意識的なゴールを持っているとします。

しかし、無意識の中に「仕事で評価されない自分には価値がない」という強いビリーフがあるとどうなるでしょうか？

脳は「上司の評価を気にしないで仕事をしよう」という行動を、「それは危険だ」と判断し、恐怖が湧きあがってきます。

その結果、「上司の評価を気にしない」という意識的なゴールに沿った行動がとれず、結局また上司の顔色をうかがう状態に陥ってしまうのです。

このように、**無意識のビリーフがゴールに矛盾している場合、ビリーフを見直し、意識的に変えていくことが必要です。**

ビリーフを変えないままゴールを達成しようとしても、無意識の力が常に勝ってしまい、「わかっていても、できない」という状態に陥ってしまうのです。

次のステップでは、「自分のビリーフをどう変えていくか」について、より具体的に解説していきます。

図17 ビリーフが無意識のゴールとして働く

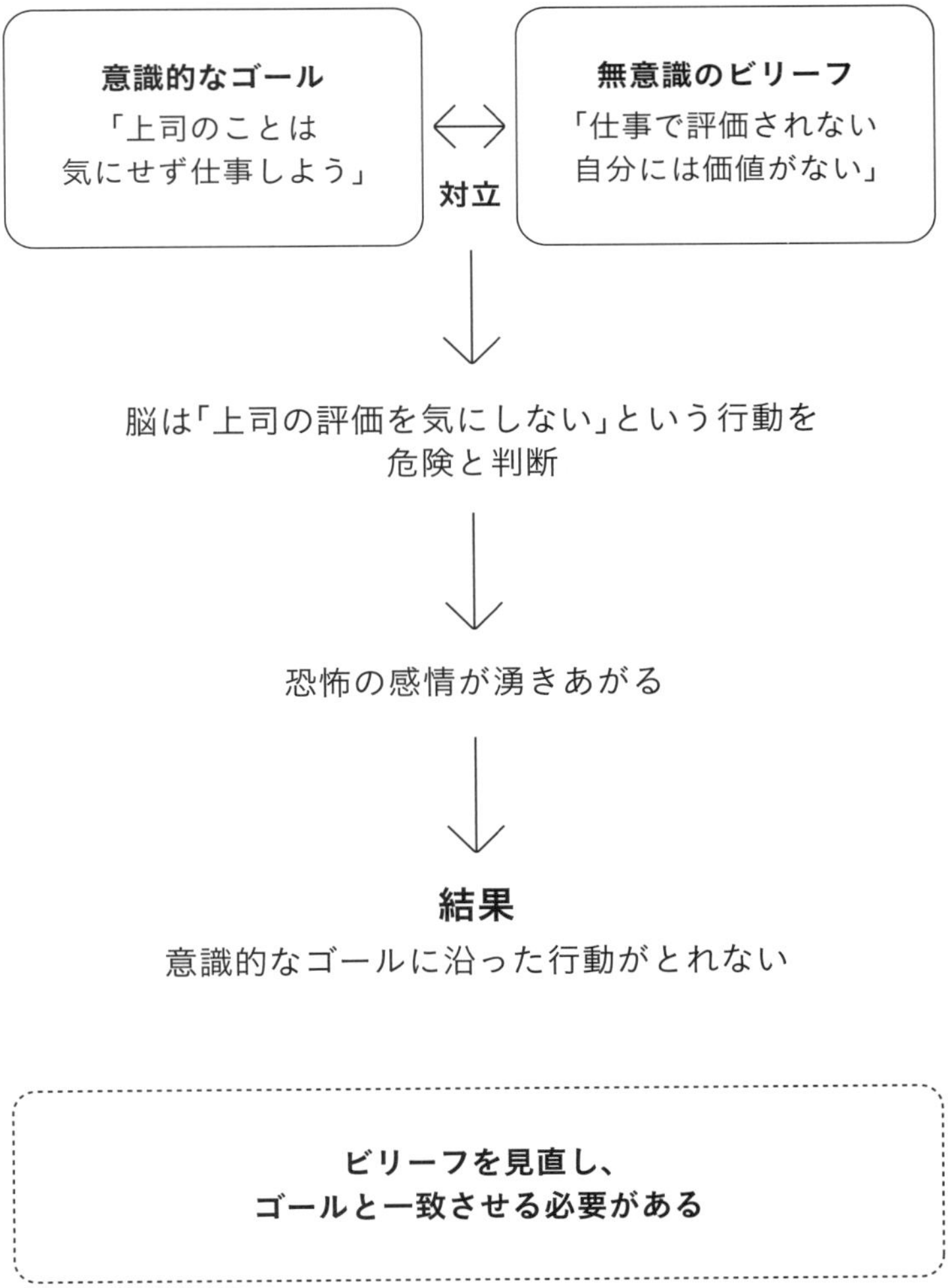
意識的なゴール
「上司のことは
気にせず仕事しよう」
対立
無意識のビリーフ
「仕事で評価されない
自分には価値がない」
脳は「上司の評価を気にしない」という行動を
危険と判断
恐怖の感情が湧きあがる
結果
意識的なゴールに沿った行動がとれない
ビリーフを見直し、
ゴールと一致させる必要がある

♠ビリーフを変える方法

ここでは、「自分のビリーフをどう変えていくか」について、より具体的に解説していきます。

「わかっていても、できない」という状態で、「ビリーフを変えたい」という場合を考えてみましょう。

ビジネスシーンでよくあるのが、「体を壊してまで働いてしまう」「働きすぎでうつ病になってしまう」といったケースです。

こうした人たちは、「真面目にちゃんと働かなきゃならない」というビリーフ（価値観・信念）を強く持っていることが少なくありません。

その結果、「休む」という選択肢をとれなくなってしまうのです。

もちろん「真面目にちゃんと働く」というビリーフ自体は、多くの人が持っている自然なものです。

しかし、同じビリーフを持っていても、「風邪を引いたら休む」という行動をとる人もいれば、「無理をして倒れ、結局会社に迷惑をかける」という行動をとる人もいます。最悪の場合、健康を損ない、働けなくなってしまうという目的とは真逆の結果になってしまうこともあります。

本来の目的は、「きちんと仕事をする」「結果を出す」「人の役に立つ」といったものですが、後者の行動をとる人はその目的から外れた行動をとってしまうのです。

この両者の違いはどこにあるのでしょうか？

それは、後者は「絶対に休んではいけない」「真面目に働かなければ価値がない」というような、「真面目にちゃんと働く」よりもっと強迫観念のようなビリーフを持ってしまっていることです。

こうした強迫観念のようなビリーフの多くは、親からの教えや過去の強烈な体験から作られます。

例えば、小学生の男の子が親から「皆勤賞を取らないとダメだ。お前にはそれくらいしか取り柄がないんだから！」と言われたとします。この言葉が子どもの心に強く刺さり、「休む自分には価値がない」というビリーフを形成してしまうことがあります。

やがて、そのビリーフにとらわれたまま大人になると、「健康を大きく損なってでも働いてしまう」というようなことが起きがちなのです。

- そこ（休まないこと）で得られる承認がなくなるのが怖い
- その承認が、自分にとっての存在意義のようなものになってしまっている

からです。

もう一つの別の例で、お話ししましょう。

第1章の「議論になると相手の論破に専念してしまう」人のケースです。

この場合、たいてい「自分が正しくなければいけない」というビリーフがあります。

（正しくある必要もないのに）相手を論破する行動は、結果的に周囲との関係を悪化させたり、本来の議論の目的を見失ったりすることにつながります。

それでもやめられないのは、「自分が正しくなければならない」「自分は能力があると証明しなければならない」というビリーフが、**無意識のゴールとして働いているから**です。

この状態を変えるためには、まず「自分は正しくなければならない」「自分は能力のある人間でないといけない」というビリーフが、どのように自分の行動を支配しているのかを認識することが必要です。

つまり、自分が正しくなかった場合に湧きあがる恐怖などの感情をしっかり感じ、解放するのです。

そのうえで初めて「この考え方、価値観は本当に正しいのか？」と理性的に振り返ることができるようになります。

その結果、「他人に認められることがすべてではない」「間違うことは恥ずかしいことではない」などといった新しいビリーフが生まれ、それによって行動が自然と変わっていくのです。

ここで、私がよくセッションで出会う、「不健全なビリーフ」と「健全なビリーフ」の例を一覧表にしています（158〜159ページ参照）。

これらを参考にしながら、自分の中にあるビリーフを振り返ってみてください。

ここで、ビリーフについて「健全」「不健全」という言い方をしていますが、これは「良い・悪い」を意味するものではありません。

MET療法の観点で、**「健全」とは、自分の本質的な欲求に沿い、心の負担が少なく、結果自然に受け入れられる考え方**を指します。

一方、**「不健全」とは、本質的な欲求とズレていて、無意識に心の摩擦や葛藤を生みやすいものです。**逃避行動につながりやすいとも言えます。

MET療法では、「良い」「悪い」や「正しい」「間違っている」などは判断はしないのですが、

❶ある程度「健全なビリーフ」のほうが仕事や生活をしていきやすいので望ましい

❷自分の目的（ゴール）**に沿っているビリーフのほうが、ゴールに向かってブレずに行動**

できるので望ましい

ということを頭に入れつつ、振り返ってみてほしいと思います。

不健全なビリーフの共通点

ここで、❷**「自分の目的（ゴール）」**という点で大切なことをお話ししましょう。

第2章で、「自分軸のゴールが望ましい」「他人軸のゴールは望ましくない」とお伝えしました。

私が一覧表に挙げた「不健全なビリーフ」には、他人目線、他人軸のゴールのものが多いのにお気づきいただけたでしょうか。

「良い会社に勤めている」

「起業して上場したい。まわりからちやほやされたい」

「〇〇を身に着けている私には価値がある」

健全なビリーフ
自分の人生は自分で左右できる
うまくいかなかったが、私が改善できることを考える
稼ぐお金は自分が提供する価値に対する正当な対価だ
どんな権威の意見も、自分で考え納得してから行動を決める
親に感謝しているからこそ、自発的に親孝行をしたい
人として優しくありたいと思う気持ちを大切にする
私はありのままの状態で価値がある
職業に貴賎はない
自分が本当に学びたいことを基準に進学先を選ぶ
健康的に生きたいので減量したい
失敗も学びの一部であり、繰り返さなければ問題ない
自分が一緒にいて幸せになれる相手かどうかを基準に結婚を考える
自分の能力を最大限に活かし、挑戦し続けたい
社会に○○をもって還元したい
どんな環境であっても、親としてまっとうに生きる背中を見せ、 信頼すれば子どもはたくましく育つ
人の人生と比較する必要はない。 自分にとっての幸せを目指せばいい

図18 「不健全なビリーフ」と「健全なビリーフ」の一覧表

カテゴリ	不健全なビリーフ
人生	自分の人生なんてコントロールできない・ 私の人生がうまくいかないのは親のせいだ
責任	上司・部下・環境のせいで○○がうまくいかない
お金	大金を稼ぐなんてけしからん・ 自分などが大金を稼ぐのはおこがましい
権威	親・先生のいうことは絶対だ・ 権力者の意見に従わなければならない
親との関係	親孝行はするべきもの・ 親の期待に応えなければならない
人間関係	人は常に他人を思いやるべきである
持ち物	(ブランド物など)○○を身に着けている・持っている 私には価値がある・持っていない私には価値がない
学歴・職業などの社会的評価	良い大学に入学・良い会社に勤めることが 成功の証であり、それが私の価値を決める
学歴・職業などの社会的評価	とりあえず偏差値が高いので医学部・法学部を目指す
健康・美容	まわりと比べてスタイルを良くしなければならない
正しさ・失敗	正しくない・失敗をする自分は価値がない
恋愛・結婚	結婚相手の社会的ステータスが私の価値を決める
スポーツ・競争	欧州サッカーの名門チームの10番として プレーしたら成功だ
成功・名声	億万長者になってちやほやされたい・ 企業して上場したい
子育て・教育	子どもを良い学校に入れなければ 将来落ちこぼれになってしまう
他者との比較	(他人のSNSを根拠に) みんな私より充実した人生を送っている

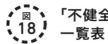

「(他人のSNSを根拠に) みんな私より充実した人生を送っている」
「子どもを良い学校に入れなければ将来落ちこぼれになってしまう」

というようなビリーフです。

これらのビリーフに共通しているのは、すべて**比較・ランク付け・上下関係がある**という点です。

「より良い〇〇のほうが価値がある」「上にいる人が偉い」という価値観に基づいており、自分の価値を他人と比較することで決めようとする傾向があります。

この考え方自体が悪いわけではありません。しかし、**この考え方のせいで多くの人が不幸せになっているのも事実**です。

なぜなら、「他人より上にいること」や「他人が決める評価」がゴールになってしまうと、自分の本来の欲求からズレたことを追い求め、永遠に満たされることがないからです。

たしかに承認されることやマウントを取ることは、大昔の村社会では生存に直結する要素だったかもしれませんが、現代の社会ではもはや必要のないものです。

SNSが発達し、資本主義や能力主義の中で生きる以上、どうしてもこの価値観に影響を受けてしまうのもある程度しかたがないかもしれないですが、**「能力や○○が高い人が価値がある」というのは数多くある価値観の一つにすぎず、絶対的なものではないという視点を持つことが大切です。**

例えば、メジャーリーグで活躍する大谷翔平選手を例に考えてみましょう。

二刀流という新しいスタイルで時代を切り開き、数々の記録を打ち立て、世界中のファンを魅了している大谷選手。では、彼が草野球をしているチームに飛び入り参加したとしたらどうでしょうか？ 大谷選手がその草野球の選手たちを見下したり、「自分のほうがすごい」とマウントを取るような態度をとるでしょうか？

もちろん、どんな草野球の選手よりも、大谷選手のほうが技術面ではずば抜けて優れているでしょう。しかし、だからといって「自分が上で、相手が下だ」という視点で他人を見ることはしないでしょう。むしろ、自分のプレーを純粋に楽しみ、他の選手たちに敬意を持って接するのはないでしょうか。

このように、他人との比較や上下関係にとらわれず、自分の価値をフラットにとらえる視点を持つことは非常に重要です。

また、人を「下に見る」ことだけでなく、「上に置く」こと、つまり誰かを崇拝したり憧れたりすることも同時に注意が必要です。

なぜなら、「自分より上の存在を作る」ということは、同時に「自分より下の存在を作る」ことでもあるからです。

「誰かを下に見ること」と「誰かを崇拝すること」は表裏一体であり、誰かを上に置くということは、無意識のうちに自分を下に置くことにつながります。

上下関係の考え方がパフォーマンスに与える影響

この話は、単に「人を下に見てはいけない」という道徳的な問題ではありません。ビリーフはパフォーマンスにも大きな影響を与えます。

先ほど紹介した大谷選手の言葉で2023年のWBC決勝前に語った「憧れるのをやめましょう」というフレーズが有名です。憧れるものいいことですが、パフォーマンスを考えると、上も下もないスタンスでいることは大切です。

他人との比較やランク付けを基準にしたビリーフを持っていると、本来のゴールを見失い、他人と比較することにより必要のないストレスを抱えてしまうのです。

特に、パフォーマンスにおけるメンタルの問題の多くは、不健全なビリーフに起因しているため、私のセッションでは、まずこの部分を扱うことが多くなります。

例えば、以下のようなケースがあります。

・「金メダルを取らないと認められない」というあせりから、大舞台で本来の実力を発揮できなくなる
・「負けたら価値がない」と思い込むことで、失敗を恐れ、プレーが萎縮する
・「アスリートとしてファンの期待に応え続けなければ、自分の価値はない」という思い込みが強く、リハビリを急ぎすぎて回復が遅れる

このように、**ビリーフは単なる考え方ではなく、実際の行動や結果にも直結する重要なもの**なのです。

すべて無意識に起きていることなので、多くの人は自分のビリーフに気づいていません。だからこそ、**「本当に自分が望んでいるゴールに沿ったビリーフなのか？」**を意識的に振り返り、改善することが、メンタルの安定やパフォーマンス向上につながるのです。

図19 不健全なビリーフの共通点と影響

不健全なビリーフの共通点は……

- 良い会社に勤めるべき
- 起業して上場したい、まわりからちやほやされたい
- ○○を身に着けている私には価値がある

→比較・ランク付け・上下関係がある

「より良い○○のほうが価値がある」「上にいる人が偉い」

このようなビリーフを持つと……

本来の欲求からズレたことを追い求める

永遠に満たされることがない

パフォーマンスへの影響

大舞台で実力発揮できない
失敗を恐れ、プレーが萎縮する

「本当に自分が望んでいるゴールに沿ったビリーフなのか？」を意識的に振り返り、改善することが重要

♠第4章のまとめ

第4章では、「感情を解放してビリーフを書き換える」ことについてお話ししました。逃避行動の原因になっている感情に向き合い、ゲシュタルト療法を使って、その感情を解放することで、「わかっていても、できない」問題に根本から対処できます。

また、感情を一つずつ解放していくと、自分の行動を縛っているビリーフ（価値観・信念）に気づくことができます。このビリーフを見直し、手放すことで、より冷静で前向きな行動がとれるようになります。

さらに、自分に合った新しいビリーフを選び直せば、無駄なストレスを減らし、本来の自分のゴールに向かい、迷いや不安なく自然と進める状態に近づくことができます。

では、最終的に高いパフォーマンスを発揮するための理想の状態とはどんなものなのでしょうか？

それを次章でお伝えします。

第 5 章

最終的に
目指すべき
マインドセット

♠最終的に目指すべき姿とは？

これまでの章では、「わかっていても、できない」がなぜ起こるのかを脳の仕組みから説明し（第1章）、その重要な要素として正しいゴール設定の方法を述べました（第2章）。さらに、第3章と第4章では、具体的な解決策としてＭＥＴ療法を紹介し、ビリーフと向き合う方法をお伝えしました。

では、最高のパフォーマンスを発揮するために私たちが最終的に目指すべき姿とはどのようなものでしょうか？

私たちは本来、健全で純粋な存在

生まれたばかりの赤ちゃんは、誰もが１００％本来の自分の欲求に素直な状態を持っています。

例えば、

- 人の目を気にせず、純粋に自分の感情や欲求を表現する
- 自分が何を求めているのかを的確に認識し、それに向かってまっすぐに行動することにためらいがない
- 自己肯定感100％の状態

このような純粋な状態を持って生まれてきたにもかかわらず、私たちは成長するにつれて自分の欲求やゴールに対してズレたことをしてしまう、すなわち「わかっていても、できない」状態に陥ってしまいます。

不健全なビリーフはどのように形成されるのか？

なぜ私たちは成長するにつれて「わかっていても、できない」状態になってしまうので

しょうか？

　その理由は、**成長の過程でさまざまな不健全なビリーフを取り込んでしまう**からです。子どもの頃は「自分がやりたいこと」に純粋に従うことができていました。しかし、社会で生きていくうちに、

「人に迷惑をかけてはいけない」

「我慢するのが美徳」

「努力しないと価値がない」

「誰かに認められないといけない」


　といった価値観が刷り込まれ、本来の自分の欲求を素直に生きることが難しくなっていきます。

　その結果、自分の本当の欲求を認識することすらできなくなり、行動がビリーフによって制限されるようになります。

「本当はこうしたい」という感覚があっても、「でもそれはダメだ」「まわりからどう思わ

れるだろう」といった考えが無意識に働き、自然と自分の欲求を抑制してしまうのです。

こうして、本来の自分が望む行動をとることが難しくなってしまいます。

「相手の評価が気になる」心理の背景

第1章で話した「誹謗中傷を気にしてエゴサーチしてしまう」ケースについて考えてみたいと思います。

エゴサーチをする人の行動の根本には、「相手が自分をどう思っているのかわからないことが怖い」という強い感情があります。「誰かが自分のことをどう評価しているのかを知らない」という不確実性に耐えられないのです。

結果として、「自分がどう思われているのかを把握していないことが、何よりも危険だ」と感じ、エゴサーチをやめることができません。

今までいろんな方をセッションしてきた私の経験上ですが、これは、幼少期に感情の起伏が激しい親を持っていた人に起こりがちなことです。

感情の起伏が激しい親を持つお子さんの場合だと、「今お母さん機嫌悪いのかな」「私の発言は、これでいいのかな」などと常に相手の顔色をうかがう状態になるのです。

つまり「相手の感情が見えないと不安」な状態です。そしてその不安が「避けたい感情」となってしまったのです。機嫌がいいかは二の次で、お母さんの機嫌の把握が最優先事項となり、「自分がどう思われているのかを把握していなければダメだ」というビリーフを形成したのです。

把握することで本当に安心するかというと、そうとは言えないでしょう。

しかし、このような環境で育った人は、「本当に安心すること」よりも、「知らないことへの不安を避けること」を優先するようになります。

極端な話、たとえネガティブな評価をされていたとしても、「知らないよりも、知っているほうがマシ」という心理が働くのです。

その結果、どんな相手であっても「機嫌や評価がわからないこと」が最も怖いこととなり、常に周囲の顔色をうかがうようになります。

これは、幼少期に親の機嫌を気にしていた心理が、無意識のうちに対人関係全般に広がった結果です。このような現象を心理学では**「投影」**と言います。

まさしく「お母さんに好かれたい」という思いが、そのまま「みんなにも好かれたい」という思いに投影されているのです。

この例のように、親子関係がビリーフに大きな影響を及ぼし「わかっていても、できない」という状況を作り出してしまうことは珍しくありません。

子ども時代の些細な経験が大人になっても影響する

難しいのは、親自身もすぐに忘れてしまうようなほんのひと言、短いエピソードや経験が子どもを傷つけ、その後長い間、悪い影響を与え続けることも少なくないということです。親にとっては単なる不機嫌な態度でも、幼い子どもにとってはそれが死活問題と認識することがあります。

兄弟間の比較、「○○ちゃんはできるのにあなたはできない。だから人の何倍も勉強しなさい……」などの何気ない言葉も影響があります。発言した親本人も意識せず、言われた子どもも言い出せないまま、やがて大きな問題になっていくのです。

セッションでは、こうした幼少期の記憶が明確に「感情的な衝撃」として残っているケースが多く見られます。心の傷として無意識に刻まれたこれらの影響は、大人になっても行動や考え方に大きく影響を与え続けるのです。

親の価値観を引き継ぐことで起こる問題

例えば、子どもの頃、親から「休みなく働く人が偉い」と聞かされ、親自身もほとんど休みなく働き、あまり親に遊んでもらえなかった人がいるとします。

そのまま成人すると、休むこと自体に罪悪感を持ち、心身を病んでしまったり、他人にもその考えを強要し、部下や社員の休養に気をつかわなくなってしまったりします。

これは、親の価値観に従って生きている状態と言えます。

適度に休むことは健康やパフォーマンスを保つうえでとても大切ですし、法律でも従業員に休みをしっかりとらせることが決まりとなっています。

もちろん本人もそれを「頭では」理解しています。

しかし、長い時間をかけて本人も知らない間に、非合理的、非科学的で、そして本当は本人の欲求とも反しているかもしれない価値観に無意識にとらわれ、本人が本当は望んでいないゴールに向かって、ひたすら努力しながら走っているかもしれないのです。

こうした人に向かって、

「最低でも週1日は休むことが大切です。年に2回は1週間の連続休暇が必要です。あなたも部下も、すぐにその仕組みを整備して実行してください」

と伝えたところで、問題の解決にはなりません。

まさに「わかっていても、できない」状況だからです。

そして、健康を大きく損なってでも働いてしまうという「逃避行動」を起こしてしまいます。

本人の中にある感情が引き出され、解放されていなければ、思考は相変わらず他人の価値観が刷り込まれたビリーフにとらわれたままだからです。

図20 不健全なビリーフの形成過程とその問題

本来の健全で純粋な状態(生まれたての赤ちゃん)

- 人の目を気にせず、純粋に感情や欲求を表現する
- 自分が何を求めているのかを明確に認識し、欲求に沿って行動
- 自己肯定感100%の状態

成長の過程で不健全なビリーフを取り込んでしまう

不健全なビリーフの例

- 「人に迷惑をかけてはいけない」
- 「我慢するのが美徳」
- 「努力しないと価値がない」

ビリーフ形成は親子関係に影響を受ける

例:エゴサーチを繰り返してしまう人

幼少期:「親の機嫌がわからないことが不安」
→常に親の顔色をうかがう

成人後:「他人の評価がわからないことが不安」
→エゴサーチで評価を確認してしまう

投影:「お母さんに好かれたい」→「みんなにも好かれたい」

不健全なビリーフを持つ問題

例:「休みなく働く人が偉い」という価値観を刷り込まれた人

結果:
- 休むことに罪悪感を持つ
- 心身を病んでも働きつづける
- 「わかっていても、休めない」状態になる

50代後半の経営者の例

具体的な事例として、ある50歳代後半の経営者のケースを紹介しましょう。

彼の場合、現時点における直接の問題としては、組織がうまくまとまらず、退職者が続出していて、新入社員の採用もうまくいっていない、というものでした。

そこで関係者にも話を聞いてみると、経営者に対するネガティブな話として、

「キレやすい」
「何が起きても社員のせいにしがち」
「社員への当たり方がキツい」

などの重要なヒントが寄せられました。いわゆる、パワハラの状態です。

オーナー企業の経営者ですから、会社で何が起きようと結局は社会的にも経済的にも本

人自身の責任でしかなく、社員が辞める一方で新しい人も採用できないなら、やがて事業が成り立たなくなります。

もちろんそんなことは彼自身もよくわかっているのですが、それでも「他責感」を手放せずにいました。

この場合、ＭＥＴ療法でのアプローチは、現状すでに何かと怒りがちな経営者に、ひとまずセッションの場でむしろどんどん怒ってもらい、怒りの感情をすべて吐き出してもらうことになります。

ここで、今抱えている怒りの言葉を繰り返し口に出してもらいながら、同時に鎖骨下をタッピングしてもらいます。

彼の場合は、やがて怒りが落ち着いてくる代わりに、自分の心の中にあるものがフラットに見えてくるようになりました。

掘り出された感情は、「みんな社員のせいだ」から、「自分はもっと認められるべきだ」、「社員も、あるいは世の中も、もっと自分を認めてくれるべきだ」という流れへと続いていきました。

こわもてのパワハラ経営者は褒められたかった

さらにその「認められたい」、という感情を深掘っていくと、予想通りというか、典型的なパターンですが、父親との関係に行き当たりました。

彼の父親もまた経営者でした。そして子どもの頃の彼にとって、父親は、自分がいくらがんばっても、いくら結果を出しても決して褒めてくれない存在でした。

子どもとしてはまっとうな「父親から認められたい」という欲求が、まったく満たされなかったのです。

この「父親に認められなかった悲しみ」「どれだけがんばっても届かない虚しさ」が、彼にとっての「避けたい感情」になります。やがて大人になってからでも「父親や第三者の承認のためにがんばる」という逃避行動をとっていたのです。

このようなケースでは、「エンプティ・チェア」という手法をとります。

文字通り空席の椅子をクライアントの正面に用意し、そこに対象の人物がいると仮定してもらい、直接感情を吐き出してもらうのです。

私は彼に、「お父さんに、何と言ってもらえたらうれしかったか伝えてください」と言いました。

すると彼は、

「おまえ、よくがんばったな」
「十分に達成したぞ」
「もうがんばらなくていいよ」

……こんな言葉を言われたい、言われたかったと吐き出した瞬間に、一気に泣き崩れました。

繰り返しますが、彼はすでに50代後半、第三者の私から見ても「こわもて」の印象がある経営者です。

しかし、その外見からは想像もできない情動を、長い間抱えて生きていたわけです。そして、何十年もの間、決して報われることのなかった承認欲求を抱えていた自分と、自分のビリーフを作っていたコアの情動に、タッピングを使うことで初めて向き合えました。

父親が亡くなり、もう褒めてもらえる可能性が完全になくなったことをきっかけに自分の行動が問題化し、少しでも自分のことを認めないとみなすと社員を批判し、何事も社員のせいにする「他責感」となって現れていたわけです。

多くの問題の原因は、大人が子どものときに形成されたビリーフを引きずっていること

経営者の例でも示したように、多くの心理的な問題や行動パターンの根本には、大人になっても**「子どもの頃に形成された欲求やビリーフを引きずっていること」**があります。

無意識のうちに親の価値観や期待に縛られ、精神的に親に依存したまま生きているケースは珍しくありません。

もちろん、子ども時代に親の影響を受けるのは自然なことです。

ただ、大人になった時点で「人生がうまくいかないのは親のせいだ」「環境のせいだ」と言い続けても、誰も責任を取ってはくれません。

仮に50歳や60歳の大人が「自分の人生が親のせいでうまくいかなかった」と言っていたら、どう感じるでしょうか？

ここではあえて正論を言いますが、それが事実であったとしても、過去を責めるだけでは何も変わらないはずです。だったら今の自分がどう行動するかに意識を向けるほうが、はるかに建設的です。

多くの人は無意識のうちに、子どもの頃に形成されたビリーフを抱えたまま生きています。しかし、不健全なビリーフを解決するということは、「より責任を取れる、自立した大人になること」にほかなりません。

ここでぜひ覚えておいていただきたいのは、逃避行動自体が悪いわけではないということです。
こうした逃避行動は、過去のつらい状況を生き延びるために絶対に必要で、その人にとって大切なものだったのです。

そして今まで簡単そうに表現してきたかもしれませんが、避けたい感情や逃避行動と向き合う、という行為はＭＥＴ療法をもってしても非常に大変で、つらいものです。ＭＥＴ療法のセラピストであり、クライアントでもあった私は、それをよく理解しているつもりです。

ただ、その逃避行動は大人になったその人にはもう必要ないものであり、もし大人として自分の人生を生きる障害になってしまっているのであれば、変えることを検討してもよいのではないでしょうか。

♠「ゾーン状態」を目指す

これまで、不健全なビリーフが私たちの行動を無意識のうちに縛り、本来の望むゴールに向かえない原因になっていることを見てきました。

では、その先にどのような状態を目指すべきなのでしょうか？

その答えの一つが、**「ゾーン状態」**にあります。

ゾーン状態は、アスリートが試合中に極限の集中状態に入り、無意識のうちに最高のパフォーマンスを発揮する現象を指すことが多いですが、実はスポーツだけにかぎりません。

例えば、チェスの名人が瞬時に状況を把握し、最善手を見出す、音楽家が演奏に没頭し観客の存在を忘れる、さらにはプログラマーがコードを書き続けるうちに時間を忘れるといったケースも、すべてゾーン状態の一例です。

ゾーン状態には、いくつかの共通する特徴があります。

- **高い集中力**：注意が一つのタスクに完全に向けられ、他の事柄が気にならなくなる。
- **時間の歪み**：時間が速く過ぎたり、逆にゆっくり感じたりすることがある。
- **自動的な行動**：意識的な努力なしに、スムーズに行動が進む。
- **自己意識の低下**：自分自身や周囲の状況に対する意識が薄れ、活動そのものに完全に没入する。

私はクライアントにゾーン状態への入り方を指導することがありますが、多くの人が誤ったイメージを持っています。

まるで特殊能力のように考えている人が多いのですが、そうではありません。

ゾーン状態とは、**「好きなことに没頭し、難易度などの外部要因が整ったときに自然に起こる現象」**です。

本来、誰でもゾーン状態に入ることができます。それにもかかわらず、多くの人がゾーンに入りにくいと感じるのは、逃避行動やゴールにそぐわないビリーフがその没入を妨げているからです。

何かに集中しようとしても、「本当にやってもいいのかな」「失敗したらどうしよう」などの雑念が生じてしまい、物事に没入しにくくなってしまいます。

つまり、これまでに身につけてしまった「逃避行動」やゴールにそぐわないビリーフなどのよけいなものをそぎ落とすことで、無意識でも雑念がなく、100%本来のやりたいことに没頭している状態を作ることができれば、誰でもゾーンに入る確率は格段に上がります。

意識することは少ないかもしれませんが、幼い子どもが遊んでいるときは、まさにゾーン状態そのものです。

大人の目から見れば単なる遊びでも、本人は完全に集中し、時間の感覚を忘れ、周囲の雑音も気にならなくなります。

誰もが子どもの頃、夢中になって遊んでいたら、あっというまに日が暮れていたという経験をしたことがあるのではないでしょうか？

「幸せな状態」としてのゾーン

ゾーン状態、健全なマインドセット、「赤ちゃんと同じ状態」。こうした言葉は異なる表現ですが、突き詰めるとすべて「幸せな状態」を指しています。

ゲシュタルト療法では、クライアントの目指すべき姿はこのように定義されています。

「自分の欲求を正確に認識できて、それに沿って生きる能力を身につけた状態」

しかし、現代社会に生きる私たちは、環境や教育、社会的なプレッシャーなどによって、この状態からかけ離れてしまっていることが多いのが実情です。

誰もが本来持っている「健全な状態」を取り戻すためには、過去に形成されたビリーフや感情を解放し、純粋な欲求に基づいて行動できるようになることが重要です。

図21 ゾーン状態：最終的に目指すべき姿

▶ゾーン状態とは

好きなことに没頭し、難易度などの外部要因が整ったときに自然に起こる現象

ゾーン状態の特徴

- **高い集中力**
  →注意が一つのタスクに完全に向けられる
- **時間の歪み**
  →時間が速く過ぎたり、ゆっくり感じたりする
- **自動的な行動**
  →意識的な努力なしに、スムーズに行動が進む
- **自己意識の低下**
  →自分やまわりへの意識が薄れ、活動そのものに完全に没入する。

ゾーン状態の例

アスリート：
試合中に時間がゆっくりに感じ、完璧なプレーを行う

プログラマー：
コードを書き続けるうちに時間を忘れる

ゾーン状態を妨げるものへの対策

- 不健全なビリーフを手放す
- 逃避行動を減らす
- 本来の欲求に基づいて行動する

ゾーン状態を妨げる雑念

「失敗したらどうしよう……」
「本当にやっていいのかな……」
「まわりの目が気になる」

♠ 第5章のまとめ

心理療法の進化により、MET療法が確立されました。

長い間、問題となっていた扁桃体の介入を抑えることが可能になったことで、逃避行動の影響を受けずに、どんな刺激にも対処できるようになりました。

その結果、「頭ではわかっていても、できない」という問題が、根本から解決できるようになったのです。

「逃避行動」という言葉を聞くと、「悪いこと」「ダメなこと」などと否定的に感じるかもしれません。

しかし、その否定的な見方を外してみると「人間はどのように逃避しているか」という興味深いパズルのようなものに感じられるようになるかもしれません。

そのように気軽な感覚で、「自分はどのように逃避しているのだろう」と考える習慣をつけてみてください。

そして、逃避行動に気づいた際には、その背後にある感情に意識を向けたり、タッピングを活用して感情を受けとめ、解放する習慣を取り入れるようにしてみましょう。

すると「わかっていても、できない」領域がどんどん減っていき、自身のポテンシャルをより発揮しながら生き生きとした人生を送ることができるのではないでしょうか。

♠ あとがき

私は幼い頃から海外で育ち、生活の都合上国籍もドイツに帰化しましたが、生まれた地である日本には、やはり特別な思い入れを持っています。

そんな私の目から見た日本は生活水準が高く、物質的に恵まれた環境が整っていますが、その一方で、多くの人が心の充足を求めて模索しているようにも感じていました。

そうした中で、私が学び、実践してきたＭＥＴ療法をより多くの人に知ってもらいたいと思ったことが、本書を執筆するきっかけです。

私は「パフォーマンスコーチ」という肩書きを名乗っていますが、決して能力の高さを価値の基準としているわけではありません。

むしろ、能力主義が過度に重視されることで、社会や人が本来の幸せから遠ざかっているのではないかと考えています。

私がこの肩書きを使っているのは、現代社会においてパフォーマンス向上を求める人が多く、ＭＥＴ療法がその分野においても効果的な手法だからです。

しかし、私が本当に伝えたいのは、「より高い成果を出すこと」ではなく、「自分の本当のニーズに気づき、それに沿って生きること」の大切さです。

また、本書では心理療法の進化と、それによって可能になったことについても触れました。

私自身もかつて、「わかっていても、できない」という問題に苦しんだ一人です。

世の中にはその問題に対するさまざまな方法が存在しますが、それでも解決に至らず悩んでいる人は少なくありません。

ＭＥＴ療法の登場によって、これまで対応が難しかった課題に対して、より具体的な解決策を提示できるようになりました。

とはいえ、この手法は、日本はもちろん、まだ海外でも広く知られているものではありません。

だからこそ、ＭＥＴ療法によって人生の壁を乗り越えた経験を持つ一人として、その価値を日本で広め、必要としている人に届けることが私の願いであり、それが6年前に日本へ移住した理由のひとつです。

最後に、本書を手に取ってくださった読者の皆さまへ。

繰り返しになりますが、この本は「パフォーマンスを高めて幸せになろう」というものではありません。

むしろ、自分自身の本当のニーズに気づき、それに沿って生きることの素晴らしさを知るきっかけとなることを願っています。

本書が、あなたの人生に少しでもお役に立てれば幸いです。
最後までお読みいただき、心より感謝申し上げます。

2025年3月　東京、日本

マナベツバサ

参考文献一覧

- Rainer-Michael Franke, Regina Franke, MET-Klopftherapie in der Praxis 2.Auflage, Karl F. Haug Verlag (2019)

- Rainer-Franke, Ingrid Schlieske, Klopfen Sie sich frei!: M.E.T. - Meridian-Energie-Techniken. Einfaches Beklopfen zur Selbsthilfe, Rowohlt Taschenbuch Verlag (2006)

- Dawson Church, Garret Yount, and Audrey J. Brooks, “The Effect of Emotional Freedom Techniques on Stress Biochemistry: A Randomized Controlled Trial,” Journal of Nervous and Mental Disease 200, no. 10 (2012): 891-896, doi: 10.1097/NMD.0b013e31826b9fc1

- Stapleton, P., Crighton, G., Sabot, D., & O’Neill, H. M. (2020). “Reexamining the Effect of Emotional Freedom Techniques on Stress Biochemistry: A randomized Controlled Trial,” Psychological Trauma: Theory, Research, Practice, and Policy, 12, (8), 869-877. https://doi.org/10.1037/tra0000563

購入者限定特典
未収録原稿

「MET療法
セッションの様子」

本書で紹介しているMET療法の
セッションの様子をより詳しく紹介した
未収録原稿がダウンロードできます。

ダウンロードはこちらから！
https://d21.co.jp/formitem/
ID：discover3135
パスワード：poker

元世界トップ10プロポーカープレイヤーが教える
心を整える 最強マインドセット

発行日　2025年4月18日　第1刷

Author　マナベツバサ

Illustrator　加納徳博

Book Designer　[装丁＋本文]小口翔平＋青山風音＋嵩あかり(tobufune)
[図版]小林祐司

Publication　株式会社ディスカヴァー・トゥエンティワン
〒102-0093　東京都千代田区平河町2-16-1 平河町森タワー11F
TEL　03-3237-8321(代表)　03-3237-8345(営業)
FAX　03-3237-8323
https://d21.co.jp/

Publisher　谷口奈緒美

Editor　大田原恵美　野村美空　編集協力:増澤健太郎

Store Sales Company　佐藤昌幸　古矢薫　蛯原昇　北野風生　佐藤淳基　鈴木雄大　山田諭志　藤井多穂子　松ノ下直輝　小山怜那　町田加奈子

Online Store Company　飯田智樹　庄司知世　杉田彰子　森谷真一　青木翔平　阿知波淳平　大﨑双葉　近江花渚　舘瑞恵　徳間凜太郎　廣内悠理　三輪真也　八木眸　安室舜介　高原未来子　川西未恵　金野美穂　千葉潤子　松浦麻恵

Publishing Company　大山聡子　大竹朝子　藤田浩芳　三谷祐一　千葉正幸　中島俊平　伊東佑真　榎本明日香　大田原恵美　小石亜季　西川なつか　野﨑竜海　野中保奈美　野村美空　橋本莉奈　林秀樹　原典宏　村尾純司　元木優子　安永姫菜　古川菜津子　浅野目七重　厚見アレックス太郎　神日登美　小林亜由美　陳玟萱　波塚みなみ　林佳菜

Digital Solution Company　小野航平　馮東平　宇賀神実　津野主揮　林秀規

Headquarters　川島理　小関勝則　田中亜紀　山中麻吏　井上竜之介　奥田千晶　小田木もも　福永友紀　俵敬子　三上和雄　石橋佐知子　伊藤香　伊藤由美　鈴木洋子　照島さくら　福田章平　藤井かおり　丸山香織

Proofreader　文字工房燦光
DTP　有限会社一企画
Printing　日経印刷株式会社

ISBN978-4-7993-3135-4
MOTO SEKAITOPPUROPOKERPLAYER GA OSHIERU
KOKOROWO TOTONOERU SAIKYO MINDSET by TSUBASA MANABE